# Mon échantillonneur de crochet

Mlle Lambert

**Writat**

Cette édition parue en 2024

ISBN : 9789359949710

Publié par
Writat
email : info@writat.com

# Contenu

# PRÉFACE.

Les pages suivantes contiennent une sélection de modèles adaptés à presque tous les usages auxquels l'art du crochet est applicable, qu'il s'agisse d'un travail utile ou décoratif. Beaucoup de dessins ont été expressément composés pour ce petit traité ; d'autres ont été choisis, comme étant très efficaces, dans le chapitre sur le crochet du « THE HAND-BOOK OF NEEDLEWORK » ; mais les dessins qui ont été tirés de ces derniers ont été regravés.

Dans les directions de travail des différents modèles, le plan poursuivi par l'écrivain (et apparemment avec succès) dans ses livres sur le tricot a été adopté. Elle a recherché la simplicité et l'utilisation du moins de mots possible, en cohérence avec une explication claire du sujet.

L'accueil réservé à « MON LIVRE DE TRICOT », en tant que traité, distinct des autres descriptions de la couture décorative, l'a amenée à supposer qu'un ouvrage distinct sur l'art frère du crochet pourrait être tout aussi acceptable ; et la publication de « DAS NEUE HAKELBUCH VON MISS LAMBERT », traduction littérale du présent volume, avec ses gravures, prouve qu'il a suscité une certaine attention, même en Allemagne, pays qui a revendiqué l'invention de l'art. .

3, RUE NEW BURLINGTON,
RUE REGENT.

# MON ÉCHANTILLONNEUR DE CROCHET.

## Introduction.

Le crochet, espèce de tricot pratiquée à l'origine par les paysans d'Écosse, avec une petite aiguille crochue appelée crochet de berger, aidé par le goût et la mode, a, au cours des sept dernières années, obtenu la préférence sur tous les autres ouvrages ornementaux d'un nature similaire. Il tire son nom actuel du français ; l'instrument avec lequel il est travaillé étant par eux, à cause de sa forme tordue, appelé « crochet ». Cet art a atteint son plus haut degré de perfection en Angleterre, d'où il a été transplanté en France et en Allemagne, et ces deux pays, quoique sans justification, ont revendiqué l'invention. Le crochet a été appliqué, avec un succès considérable, à la production de nombreux articles utiles et décoratifs, tels que châles, nappes, couvre-pieds, oreillers, poufs, chaises, tapis, pantoufles, sacs, cabats, bourses, casquettes, gilets. , etc. La soie, la laine, le coton, la chenille et l'or sont tous des matériaux appropriés à cette description de travail, mais le but auquel il est destiné doit nécessairement déterminer leur choix.

Le crochet a la réputation d'être une méthode de travail moins complexe que le tricot et revendique donc une culture plus étendue que celle qu'elle a peut-être rencontrée jusqu'à présent. Il est particulièrement adapté à la confection d'articles à des fins caritatives ; c'est pourquoi l'instruction des enfants dans les écoles *d'aveugles* , dans cet art facile et utile, mérite bien l'attention des philanthropes. Gilets, châles, genouillères, manches, doudous, mitaines, gants, etc., peuvent être confectionnés sans difficulté au crochet. Il n'a cependant pas été jugé nécessaire dans les pages suivantes de donner des instructions pour aucun de ces articles simples, car, une fois le point de crochet acquis, les modes de travail de ces articles, ainsi que de nombreux autres, dans l'usage quotidien, seront facilement compris. se présenter. Comme exemple de la double appropriation, qu'admettent presque toutes les directions suivantes, nous pouvons prendre l'exemple du fond d'un sac ; ceci, s'il est commencé par une chaîne d'environ cinquante points (ne joignant pas les extrémités), et travaillé en laine grossière. , avec une grosse aiguille, en rangs d'avant en arrière, en augmentant progressivement avec un point de couture, formera une cape ronde chaude et confortable. Un motif en papier, de la taille de n'importe quel objet désiré, peut facilement être coupé, et le fait de faire un point au début, ou de diminuer au milieu, ou à la fin d'une rangée, et *vice versa* , rend ce travail subordonné à presque N'importe quelle forme.

Pour les gros travaux, lorsqu'on emploie de la laine, on préfère généralement celle qu'on appelle laineux, soit anglais, soit allemand. Cette étoffe, à six fils, avec une aiguille en ivoire, offre le genre de travail le plus facile que nous connaissions. Il peut être facilement appris et a donc été très pratiqué, tant par les invalides que par les personnes dont la vue a besoin d'être soulagée ou est devenue altérée. Tous les motifs rayés, si désiré, peuvent être travaillés en largeurs étroites et joints dans les lignes de séparation ; de sorte qu'une nappe peut être confectionnée en quatre ou six longueurs, puis cousue ensemble avec de la laine, sans le moindre préjudice à son apparence. Le crochet peut être exécuté avec de la chenille grossière et fine, pour les oreillers, les sacs, les casquettes et les gilets ; avec de la soie au crochet, pour casquettes, pantoufles et sacs ; avec un filet de soie grossier, il forme de solides bourses, sacs et pantoufles ; et les travaux les plus délicats peuvent être réalisés avec les soies les plus fines. Les cordons d'or et d'argent, ainsi que les passants, peuvent être mélangés aux chenilles et aux soies, ou employés séparément ; et les perles d'or et d'acier, d'abord enfilées sur la soie, peuvent être travaillées selon divers motifs, de manière à produire l'effet le plus riche et le plus beau.

Le crochet peut être divisé en crochet simple simple, crochet double simple, crochet ouvert au point simple et crochet ouvert avec un, deux, trois points ou plus. Ces variétés seront décrites, au fur et à mesure de leur apparition, dans les directions de travail suivantes.

Le mode de travail du point de crochet, bien qu'en soi le plus simple, est difficile à décrire par écrit ; mais, à l'aide de la gravure annexée, qui montre la position des mains et la manière dont l'aiguille et l'ouvrage doivent être tenus, nous tâcherons d'expliquer le procédé élémentaire.

Après avoir enroulé un écheveau de laine, faites une boucle à une extrémité ; à travers cette boucle, passez une autre boucle, à travers cette seconde boucle une autre, et ainsi de suite, en serrant modérément chacune, au fur et à mesure qu'elle est tirée, jusqu'à ce qu'une *chaîne* d'une longueur suffisante soit faite pour servir de *base* à l'article destiné à être travaillé. Passez l'aiguille dans la dernière boucle de cette fondation, et en attrapant la laine, passez-la à travers, en répétant la même chose à chaque boucle successive ; puis revenez par cette rangée, et, de la même manière, formez-en une seconde. Une répétition de ce processus, alternativement d'avant en arrière, de droite à gauche et de gauche à droite, donnera la première et la plus simple leçon. Le travail sera le même des deux côtés, produisant tour à tour une rangée surélevée et une rangée enfoncée.

Mais avant d'aller plus loin, il sera nécessaire, pour une meilleure compréhension des orientations proposées ci-après, de donner un

### Explication des termes utilisés au crochet.

## L'AIGUILLE À CROCHET.

*Une chaîne ,* — la fondation, formée par une succession de boucles tirées les unes dans les autres.

*Crochet simple simple ,* où une seule boucle est faite sur l'aiguille et tirée à travers chaque point. Il est plus léger et plus fin que le crochet double.

*Crochet double simple ,* où deux boucles sont maintenues sur l'aiguille et la laine tirée à travers les deux avant que le point ne soit terminé. C'est le point de crochet généralement pratiqué, et celui utilisé pour travailler les nappes, etc.

*Crochet double point ,*—en cela, les deux mailles de la chaîne sont prises. Il est principalement utilisé pour les semelles de chaussures et là où une épaisseur supplémentaire est requise, mais il ne convient pas aux modèles de travail.

*Le crochet élastique au point uni* se tricote alternativement en rangs, en allers et retours, de droite à gauche et de gauche à droite, en prenant toujours la maille inférieure de la chaînette.

### CROCHET OUVERT AU POINT SIMPLE.

*Le crochet ouvert au point uni* est composé de chaînes de cinq mailles chacune de longueur, formant des boucles, chaque cinquième maille étant crochetée jusqu'au point central de la boucle correspondante du rang précédent, comme le montre la gravure. Il est principalement utilisé pour les sacs à main.

## CROCHET OUVERT.

N°2.

*Le crochet ouvert* est travaillé (aussi près que possible) comme suit : faire une chaîne de la longueur requise ; tricoter un point simple au début. Amenez la soie autour de l'aiguille et passez l'aiguille dans le premier passant de la chaîne ; par là faites passer la soie, qui fait trois points à l'aiguille ; passer la soie à travers les deux premiers points, ce qui en laisse deux sur l'aiguille ; puis passez la soie à travers ces deux-là, ce qui en laisse une sur l'aiguille ; à travers celui-ci, faites un point simple. Mettez la soie sur l'aiguille et faites-la passer dans la troisième boucle de la chaîne ; les trois points, comme auparavant, se retrouveront maintenant sur l'aiguille ; passer la soie à travers les deux premiers, ce qui en laisse deux sur l'aiguille ; passez la soie à travers ces deux points, ce qui termine le point et en laisse un sur l'aiguille comme auparavant. Le point simple qui est ensuite réalisé entre les deux points doubles, laisse passer le point qui a été passé dans la chaînette, et laisse un espace ouvert. Il convient aux sacs à main, sacs, etc.

## CROCHET DOUBLE OUVERT.

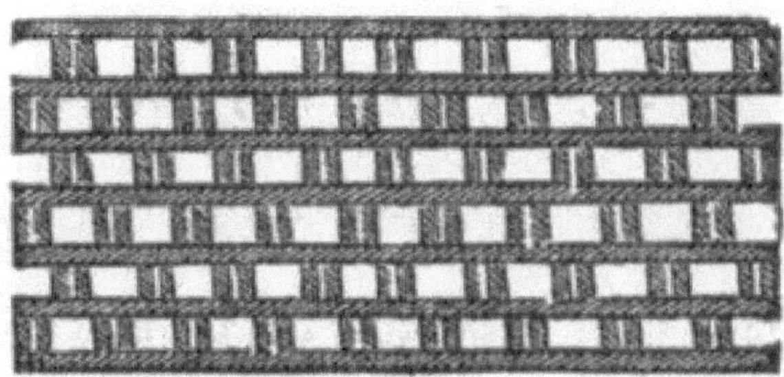

*Crochet double ouvert* , semblable au point de crochet ouvert, mais varié en faisant les deux points longs ensemble ; cela se fait en omettant le point unique et en passant l'aiguille dans la boucle suivante de la chaîne, au lieu de manquer un point ; produisant ainsi deux points ensemble, puis un espace ouvert. Il convient aux sacs, sacs à main, etc.

## CROCHET triple ouvert.

Numéro 4.

*Crochet triple ouvert* , semblable également au précédent, mais varié en faisant trois points successivement, sans faire de point simple, ce qui produit des carrés alternés d'espace ouvert et de points. On peut y introduire *des perles* avec un très bon effet, de la manière suivante : on enfile les perles sur la soie, et on en passe une sur la maille médiane des trois mailles doubles, en donnant une perle au centre de chaque carré. Ce point fait un très joli sac à main.

*Faire un point* , — au début et à la fin d'un rang, c'est faire un point d'une chaînette avant le premier point et après le dernier, qui dans le rang suivant doivent être crochetés.

*Un point de division ou de couture* , appelé aussi point *en relief* , se fait en passant l'aiguille à travers les deux mailles de la chaîne et en travaillant deux points dans le même trou. Ces points doivent toujours être faits exactement les uns sur les autres. Dans les cercles de crochet, ils forment une sorte de motif en étoile et servent à augmenter les mailles. Ils ne devraient pas être employés lorsque vous travaillez avec *de la chenille* .

*Pour augmenter un point* ,—faire deux points dans la même boucle.

*Diminuer* , — prendre deux mailles ensemble, ou manquer une maille. La diminution se fait toujours dans le même rapport que l'augmentation.

*Point vrai ou parfait* , — lorsqu'on travaille dans des couleurs différentes, en gardant les points directement les uns sur les autres, sans aucune apparition de demi-point. Cela demande du soin, mais cela ajoute grandement à la beauté de l'œuvre et rend le motif plus distinct.

*Arrêter*, passer la laine à travers le dernier point.

*Pour fixer*, posez les extrémités de la laine à l'inverse et crochetez quelques points avec les deux, ou travaillez la deuxième laine et passez l'extrémité avec une aiguille à l'arrière de l'ouvrage.

*Courir les extrémités*, les passer quelques points avec une aiguille. C'est le plan le plus soigné et le plus solide ; mais ils peuvent être liés et coupés.

*Une ligne de séparation* généralement formée de deux points alternativement haut et bas, dans le fond des rayures de chaque côté.

*NB Les gravures des motifs sont placées dans le livre telles qu'elles sont destinées à être travaillées ; c'est-à-dire en commençant par la partie inférieure, du côté droit.*

## Conseils sur le crochet.

Une aiguille à crochet en acier est généralement conseillée ; avec des ouvriers experts, elle fait les points les plus réguliers, mais il est plus facile de travailler avec une aiguille en ivoire.

La soie en filet de deuxième taille est la plus jolie pour les sacs à main.

La soie la plus grossière, ou au crochet, est la mieux adaptée pour les sacs, avec des perles en acier ou en or.

Lorsque plusieurs couleurs sont nécessaires dans un motif et que cela ne se produit pas très fréquemment, il est conseillé de les introduire par petites longueurs, au lieu de continuer sur chaque fil. Cela doit toujours être pris en compte lorsque vous travaillez avec de la chenille.

Lorsque des perles sont utilisées, elles doivent être enfilées sur la soie avec une aiguille.

Lorsque des perles sont introduites, l'envers de l'ouvrage devient le bon côté. Il est possible de crocheter avec les perles sur l'endroit, mais elles ne sont jamais aussi fermement posées et ce n'est d'ailleurs pas la bonne façon de les utiliser.

Le nombre moyen de points pour la longueur d'une bourse, en soie fine, est de cent soixante. En soie grossière, cent dix.

De quatre-vingt-dix à cent points forment le cercle d'une bourse en soie fine.

Cent trente mailles peuvent être prises pour le tour d'un sac, en soie au crochet.

Un couvre-table, en molleton à six fils, mesure généralement environ quatre cents points de longueur.

Des bordures de fleurs et des motifs très complexes peuvent être travaillés au crochet, mais il serait impossible d'en transmettre une idée complète, même au travailleur le plus expérimenté, sans dépasser considérablement les limites du présent ouvrage. La couturière experte comprendra bientôt la meilleure méthode pour copier n'importe quel modèle de cette description qu'elle désire.

Les termes *chiné* et *ombré* sont fréquemment appliqués aux matériaux utilisés en crochet et en tricot. La laine et la soie sont *chinées* , lorsque deux, trois ou plusieurs couleurs *différentes* sont introduites, à intervalles réguliers, sur un fil, en train de mourir ; elles sont *ombrées* , lorsqu'une *seule* couleur est employée de la même manière, mais qui s'étend graduellement du fil. la teinte la plus claire à la plus foncée.

NB Dans les instructions pour travailler les différents motifs au crochet, il faut garder à l'esprit qu'à moins qu'un autre point ne soit mentionné, le point uni, ou *double* , doit toujours être employé.

### Un oreiller de canapé ou une housse de table.

Ceci est simplement donné comme le premier et *le plus simple* modèle de crochet, dans le but d'enseigner le point.

Une aiguille à crochet en ivoire ou en acier de bonne taille, à six fils laineux, sera nécessaire. Au lieu de tricoter les rangs en avant et en arrière, comme décrit précédemment, commencez chaque rang séparément à la même extrémité. Lorsque le dernier point de chaque rang est terminé, passez la laine à travers et coupez-la en laissant une extrémité de deux ou trois pouces. Il est impossible de déterminer le nombre exact de points ; cela doit dépendre de l'article et de la dimension qu'on lui demande ; mais avec cette description de la laine, on trouvera généralement qu'un demi-mètre de longueur compte environ soixante-cinq points, et un calcul peut être fait en conséquence.

*Première bande* : une rangée noire ; une rangée blanche; une rangée noire.

*Deuxième bande* : une rangée écarlate foncé ; un écarlate brillant ; un écarlate clair ;—inversez le même, pour former une bande ombrée.

*Troisième bande* : la même que la première.

*Quatrième bande* : la même que la deuxième, mais dans des tons de bleu.

Ces rayures sont à répéter alternativement.

### Un autre modèle très simple.

N ° 5.

Le fond de ce modèle est simple. Les carreaux sont composés de laine *chinée* , le premier rang différant par la couleur de celui du second. La ligne de démarcation est en couleurs unies.

Ce motif peut être travaillé en rayures de couleurs différentes, en faisant varier la couleur des carreaux agréablement à celle du fond. Il est adapté pour un oreiller ou une variété d'autres articles, selon le matériau utilisé.

## Un coussin de canapé à rayures.

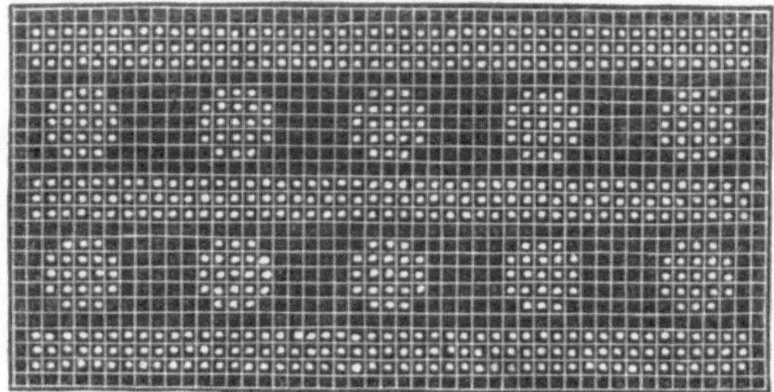

Numéro 6.

Zephyr, ou double laine allemande.

Ce modèle peut être travaillé selon les deux méthodes suivantes. La première est la plus simple, car il suffit d'un seul fil de laine pour former le motif.

Commencez avec une chaîne et une rangée de noir. *Deuxième rangée :* écarlate. *Troisième rangée :* couleur paille.

Crochetez une rayure composée de sept rangs de bleu impérial, avec le motif en laine *chinée* – noir, blanc et écarlate.

Répétez les trois rangs unis, comme avant, inversés : couleur paille, écarlate et noir.

Crochetez une autre rayure en terne, avec le motif en laine *chinée* bleu, noir et blanc.

Recommencez comme au début.

La deuxième méthode pour travailler ce modèle est la suivante : avoir les rangées unies et le fond des deux rayures comme auparavant. Crochetez la figure de la rayure bleue,—

*Premier rang* : trois points noirs.

*Deuxième rangée* : trois points bordeaux ; deux noirs.

*Troisième rangée* : un point bordeaux foncé ; une couleur or ; deux écarlates foncés ; un noir.

*Quatrième rangée* : un point écarlate ; deux couleurs or ; deux écarlates.

*Cinquième rang* : trois points écarlates.

Crochetez la silhouette sur la rayure terne,—

*Premier rang* : trois points bordeaux.

*Deuxième rangée* : trois mailles vert foncé ; deux bordeaux.

*Troisième rangée* : un point vert moyen ; un blanc; deux verts moyens ; un bordeaux.

*Quatrième rangée* : un point vert clair ; deux blancs ; deux vert clair.

*Cinquième rangée* : trois mailles vert clair.

Le modèle ci-dessus peut être réalisé pour un sac, avec les mêmes couleurs, en utilisant de la soie au lieu de la laine, et en commençant par une chaîne d'environ cent trente points, avec la soie au crochet n° 2. C'est un sac très facile à travailler, et si l'on veut plus d'élégance, on peut y introduire de l'or. Ce patron, également, avec la même taille de soie, fera un très joli chausson au crochet.

### Un modèle très beau et facile.

Commencez par une chaîne et une rangée d'ambre.

*Deuxième rangée* : deux points d'ambre et deux de noir, alternativement.

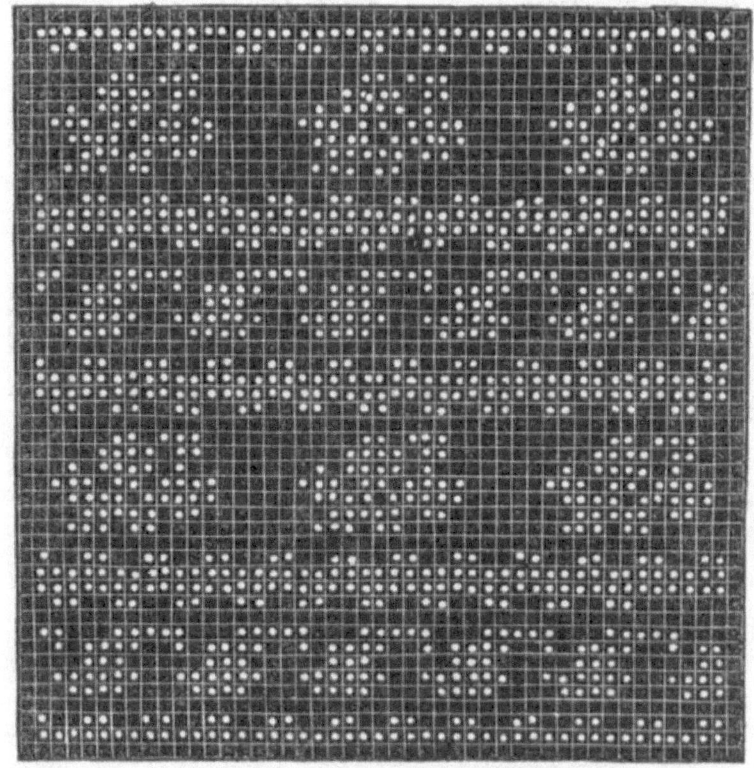

N°7.

Crochetez ensuite un rang uni de noir, qui forme le fond de la première rayure. Le motif de pin sur cette bande occupe cinq rangées de hauteur ; la *première rangée* est bleue ; le *second* — écarlate; le *troisième* est vert ; le *quatrième* : jaune ; le *cinquième* — blanc. Une simple rangée de noir ; et une rangée - deux points de noir et deux d'ambre, - en alternance ; - suivie d'une rangée unie d'ambre, complètent la première bande.

Le fond de la deuxième bande est écarlate ; les lignes de séparation, en haut et en bas, sont bleu impérial, la rangée intérieure de chacune étant composée de deux points alternativement bleus et écarlates. Le motif occupe sept rangées de hauteur ; la *première rangée* est verte ; le *second* — noir ; le *troisième* : bleu ; le *quatrième : l'* ambre ; le *cinquième* : vert ; le *sixième :* couleur de la pierre ; le *septième* – blanc.

La troisième bande est bleu impérial ; les lignes de démarcation : ambre ; le motif, — *première rangée* — noir ; *deuxièmement* : écarlate ; *troisièmement* : blanc ; *quatrième* : vert ; *cinquièmement* – terne.

La quatrième bande est blanche ; les lignes de démarcation : écarlates ; le motif, — *première rangée* — vert ; *deuxièmement* : noir ; *troisième* : bleu ; *quatrième* : écarlate ; *cinquième* — vert : *sixième* — lilas ; *septième* — vert clair.

Répétez à partir de la première bande.

Ce motif, travaillé avec du molleton à six fils, se révélera très simple et efficace pour un dessus de table ; à l'aide d'une aiguille à crochet en acier ou en ivoire, selon la fantaisie de l'ouvrier.

Le même motif, avec les couleurs décrites ci-dessus pour la première et la deuxième rayures, avec le No. 1 Crochet Silk, fera un sac extrêmement élégant. Cela doit commencer par une chaîne d'environ deux cent seize points, réunis aux deux extrémités, que ce soit pour un sac rond ou carré. Du fil d'or peut être remplacé dans les lignes de séparation, en ne travaillant qu'une seule rangée unie, au lieu de deux, comme dans la gravure. Cinq des rayures étroites et quatre des rayures larges formeront un sac de taille ordinaire.

Ce motif peut être magnifiquement travaillé avec de la chenille, ou avec de la chenille et de l'or, à des fins diverses.

## Un autre oreiller de canapé.

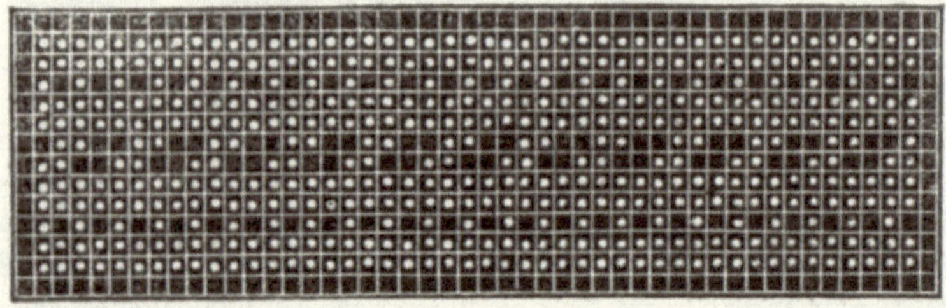

N°8.

Ce modèle est recommandé comme étant extrêmement facile ; et en même temps très jolie. Molletonné à six fils, avec une aiguille ivoire.

*Première rayure.*

- Chaîne et *première rangée* – ternes.

- *Deuxième rangée* : pourpre foncé.

- *Troisième rangée* : un point de couleur rose ; un terne ; — alternativement.

- *Quatrième rangée* : rose vif.

- *Cinquième rangée* – terne.


*Deuxième bande.*

- *Première rangée* — deux points blancs ; — deux noirs — en alternance.

- *Deuxième rangée* : deux points blancs ; deux noirs ; — alternativement ; — en commençant par un seul point de blanc.


*Troisième bande.*

- *Première rangée* : bleu vif.

- *Deuxième rangée* : olive foncée.

- *Troisième rangée* : un point olive clair terne ; un bleu vif ;—en alternance.

- *Quatrième rangée* : jaune.

- *Cinquième rangée :* bleue.

Répétez la deuxième bande et recommencez à partir de la première.

Ce motif peut être varié en travaillant les première et troisième rayures comme indiqué ci-dessus, avec les rayures noires et blanches au crochet double ouvert. Cela peut également être réalisé de l'une ou l'autre manière avec de la chenille grossière.

### Bordure de défilement pour une nappe, etc., avec motif persan à rayures.

Le motif de défilement de la bordure de ce dessin est sur fond noir. Le fond de chaque bande du motif persan pour le centre peut être varié. Molletonné à six ou huit fils, avec une aiguille en acier ou en ivoire. Commencez par : -

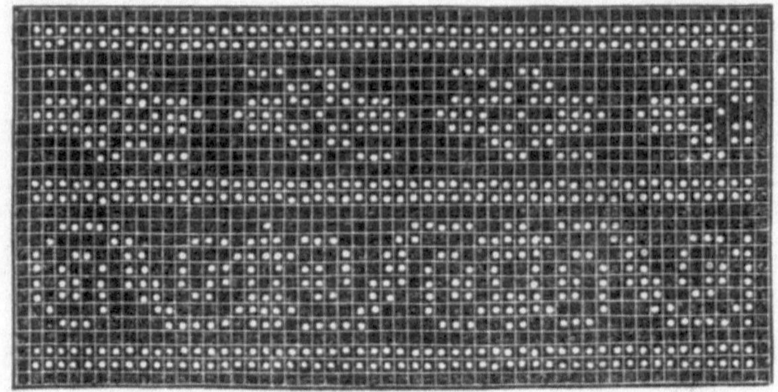

N°9.

Chaîne et *premier rang* : brun rouge foncé.

*Deuxième rangée :* écarlate.

*Troisième rangée* : noire.

*Quatrième rangée* : un point vert clair ; un noir; cinq brun rouge; cinq noirs ; trois marrons ; deux noirs ; deux verts ; deux noirs ; trois marrons ; cinq noirs; cinq marrons ; un noir; deux verts.—Répétez jusqu'à la fin de la rangée.


*Cinquième rangée* : un point vert moyen ; une orange; quatre noirs ; deux oranges ; trois noirs ; une orange; trois noirs ; une orange; quatre verts ; une orange; trois noirs ; une orange; trois noirs ; deux oranges ; quatre noirs ; une orange; deux verts.—Répétez.

*Sixième rangée* : un point orange ; deux noirs ; deux oranges ; deux noirs ; deux oranges ; deux noirs ; une orange; un écarlate; deux oranges ; un noir; une orange; deux vert foncé ; une orange; un noir; deux écarlates; un noir; une orange; deux noirs ; deux oranges ; deux noirs ; deux oranges ; deux noirs ; une orange; un vert.—Répétez.

*Septième rangée* : un point de couleur or ; un noir; deux écarlates; un noir; une couleur or ; un noir; trois couleurs or; un noir; une couleur or ; un noir; deux écarlates; un noir; une couleur or ; deux noirs ; une couleur or ; un noir; deux écarlates; un noir; une couleur or ; un noir; trois couleurs or; un noir; une couleur or ; un noir; deux écarlates; un noir; une couleur or ; un noir.— Répétez.

*Huitième rangée* : un point de couleur or ; un noir; deux écarlates; un noir; une couleur or ; deux noirs ; deux couleurs or; un noir; une couleur or ; deux noirs ; une couleur or ; un noir; une couleur or ; deux noirs ; une couleur or ; un noir; une couleur or ; deux noirs ; une couleur or ; un noir; deux couleurs or ; deux noirs ; une couleur or ; un noir; deux écarlates; un noir; une couleur or ; un noir.—Répétez.

*Neuvième rangée* : un point bleu foncé ; un jaune; trois noirs ; un jaune; deux noirs ; deux jaunes ; deux noirs ; deux jaunes ; deux noirs ; un jaune; deux bleus ; un jaune; deux noirs ; deux bleus ; deux noirs ; deux jaunes ; deux noirs ; un jaune; trois noirs ; un jaune; deux bleus.—Répétez.

*Dixième rang* : un point bleu au milieu ; un noir; trois jaunes ; quatre noirs ; deux jaunes ; quatre noirs ; un jaune; quatre bleus; un jaune; quatre noirs ; deux jaunes ; quatre noirs ; trois jaunes ; un noir; deux bleus.—Répétez.

*Onzième rang* : dix points noirs ; cinq blancs; deux noirs ; deux bleu clair ; deux noirs ; cinq blancs; dix noirs ; un bleu.—Répétez.

*Douzième rangée* : noire.

*Treizième rangée* : brun rouge.

*Quatorzième rangée* : écarlate. Ceci termine la frontière.

Commencez le fond du centre, ou deuxième bande, avec une rangée unie de blanc ; les couleurs du motif du pin persan sur lequel sont les suivantes :—

*Premier rang* : trois mailles vert foncé ; deux blancs ; deux verts.

*Deuxième rangée* : deux points écarlate clair ; un blanc; deux écarlates.

*Troisième rangée* : deux points vert moyen ; trois écarlates foncés ; un blanc; trois écarlates; deux verts.

*Quatrième rang* : quatre points vert clair ; deux blancs ; un noir; deux blancs ; quatre verts.

*Cinquième rangée* : deux points vert clair ; trois bleu foncé ; un blanc; trois bleus ; deux verts.

*Sixième rangée* : deux points bleu clair ; un blanc; deux bleus.

*Septième rangée* : deux points vert clair ; deux blancs ; trois verts.

Une rangée unie de blanc termine la rayure. Les rangs marron et écarlate sont à nouveau à tricoter, lorsque la bordure peut être répétée, en alternance avec les rayures du motif persan ; ou, ce dernier seul peut être répété, avec la couleur du fond variée, — les couleurs du motif étant également modifiées, pour s'harmoniser avec lui. — Les couleurs, telles que données ci-dessus, sont pour un fond blanc.

### Une bordure à motif persan.

Ce motif est adapté pour la bordure d'un napperon, d'un tapis de cheminée ou d'un tapis d'escalier. Il peut être travaillé en molleton à quatre, six ou huit fils, avec une aiguille en acier ou en ivoire, selon son appropriation. Les couleurs requises sont trois nuances distinctes de vert, deux d'écarlate, deux de bleu, deux de couleur or, deux de lilas, noir, blanc et géranium : la sélection appropriée de celles-ci constitue une grande partie de la beauté du motif :— le les couleurs du géranium doivent être très vives. Commencez par : -

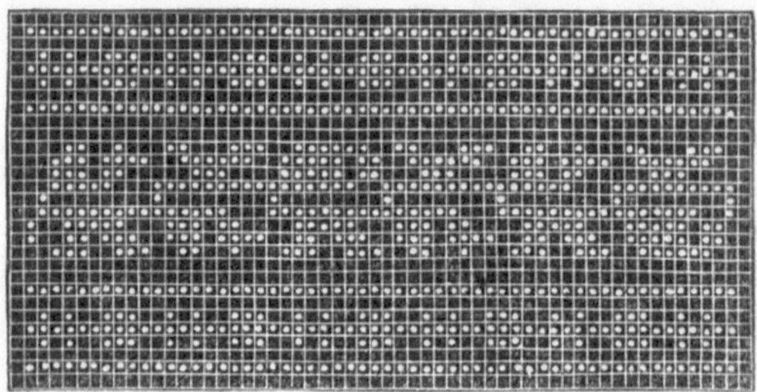

N°10.

Chaîne et *premier rang* — noirs.

*Deuxième rangée* : couleur or.

*Troisième rangée* : noire.

*Quatrième rang* : deux points noirs ; un vert clair ; un noir; un vert ; deux noirs ; trois géraniums.—Répétez jusqu'à la fin de la rangée.

*Cinquième rangée* : deux points de géranium ; un blanc; un vert foncé ; un blanc; deux géraniums ; trois couleurs dorées.—Répétez.

*Sixième rangée* : la même que la quatrième.

*Septième rangée* : noire.

*Huitième rangée* : bleue.

Ce qui précède termine la bordure étroite. Le fond de la bordure centrale est blanc ; après avoir tricoté deux rangs, commencez le motif par :

*Première rangée* : deux points blancs ; six écarlates foncés ; deux blancs ; trois vert clair ; deux blancs ; trois verts ; trois blancs ; un écarlate; deux blancs ; deux écarlates; deux blancs ; trois verts ; deux blancs ; trois verts ; trois blancs ; un écarlate; deux blancs ; deux écarlates; deux blancs ; trois verts ; deux blancs ; trois verts.—Répétez jusqu'à la fin de la rangée.

*Deuxième rangée* : un point blanc ; deux écarlates clairs; un blanc; un vert moyen ; quatre écarlates; deux blancs ; trois verts ; un blanc; deux verts ; deux blancs ; quatre écarlates; un blanc; trois écarlates; deux blancs ; trois verts ; un blanc; deux verts ; deux blancs ; quatre écarlates; un blanc; trois écarlates; deux blancs ; trois verts ; un blanc; deux verts ; un blanc.—Répéter.

*Troisième rangée* : un point blanc ; deux bleu foncé ; un blanc; un vert foncé ; quatre bleus; trois blancs ; cinq verts ; quatre blancs; deux bleus ; un blanc; trois bleus ; trois blancs ; cinq verts ; quatre blancs; deux bleus ; un blanc; trois bleus ; trois blancs ; cinq verts ; un blanc.—Répéter.

*Quatrième rangée* : un point noir ; deux blancs ; six bleu clair ; dix noirs ; trois blancs ; cinq bleus ; dix noirs ; trois blancs ; cinq bleus ; neuf noirs.—Répétez.

*Cinquième rangée* : un point noir ; huit blancs.—Répétez.

*Sixième rang* : dix points noirs ; trois blancs ; cinq couleurs or clair ; dix noirs ; deux blancs ; six couleurs or; dix noirs ; trois blancs ; cinq couleurs dorées.— Répéter.

*Septième rangée* : quatre points blancs ; trois vert foncé ; cinq blancs; deux couleurs or foncé ; un blanc; trois couleurs or; quatre blancs; trois verts ; trois blancs ; deux couleurs or ; un blanc; un vert ; quatre couleurs or; quatre blancs; trois verts ; cinq blancs; deux couleurs or ; un blanc; trois couleurs dorées.—Répéter.

*Huitième rang* : deux points blancs ; six verts moyens; deux blancs ; quatre lilas clairs; un blanc; trois lilas ; deux blancs ; six verts ; deux blancs ; deux lilas ; un blanc; un vert ; quatre lilas ; deux blancs ; six verts ; deux blancs ; quatre lilas ; un blanc; trois lilas.—Répétez.

*Neuvième rangée* : un point blanc ; trois vert clair ; trois blancs ; deux verts ; trois blancs ; un lilas foncé ; deux blancs ; deux lilas ; deux blancs ; trois verts ; trois blancs ; deux verts ; deux blancs ; six lilas ; deux blancs ; trois verts ; trois blancs ; deux verts ; trois blancs ; un lilas ; deux blancs ; deux lilas ; un blanc.—Répéter.

Deux rangées de blanc complètent la bordure centrale.

Répétez la petite bordure en commençant par le rang bleu.

### Un oreiller de canapé en crochet ouvert uni et triple.

Ce modèle peut être travaillé avec de la double laine allemande.

Commencez par une chaîne d'environ cent quatre-vingt-dix mailles en noir. Alors,-

Avec trois nuances distinctes d'écarlate, crochetez une rayure ombrée composée de cinq rangs, — en commençant par la couleur la plus foncée, — la plus claire formant le centre. — Répétez le rang noir.

Tricoter une rayure de crochet ouvert triple, composée d'un rang de chacune des couleurs suivantes : à savoir vert chrysophas, écarlate, blanc, couleur or, lilas et vert chrysophas.

Répétez la rangée noire.—Formez une bande semblable à la première, avec des nuances de blanc.—Répétez la rangée noire.

Répétez la bande de crochet triple ouvert.—Répétez la rangée noire.—Crochetez une autre bande ombrée avec du lilas.—Répétez la rangée noire.—Répétez la bande de crochet triple ouvert.—Répétez la rangée noire.—Travailler une autre bande ombrée avec de l'or couleurs.—Répétez la rangée noire.—Répétez la rayure du crochet ouvert triple.—Répétez la rangée noire et la première rayure ombrée en écarlate. Cela forme la bande centrale. Inversez l'ordre des rayures colorées pour compléter l'oreiller.

### Un modèle de crochet très riche.

Commencez par deux rangs unis, le premier de couleur or ; le second – noir. Le noir forme le fond de la première demi-rayure.

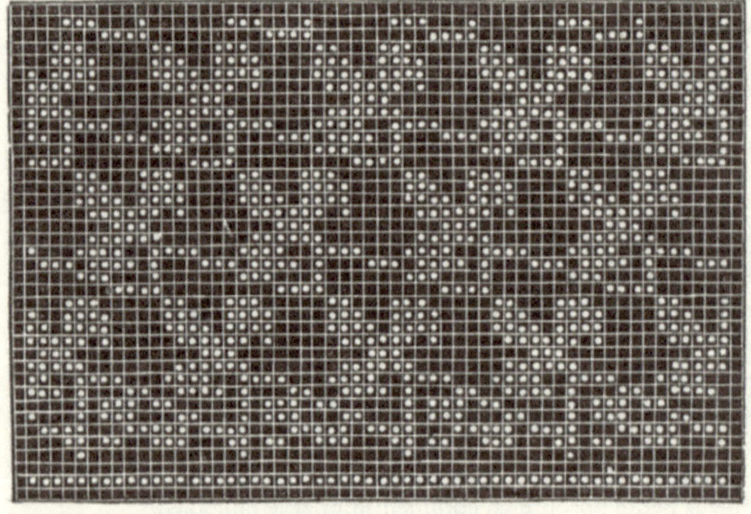

N° 11.

NB Les bords en zigzag de la rayure du ruban sont partout travaillés en blanc.

*Troisième rangée* : douze points noirs, un point blanc, alternativement.

*Quatrième rangée* : un point blanc ; trois noirs ; trois rouge-brun ; deux noirs ; deux verts moyens ; un noir; un blanc.—Répétez.

*Cinquième rangée* : trois points blancs ; un noir; trois oranges ; deux vert clair ; trois noirs ; un blanc.—Répéter.

*Sixième rang* : trois points écarlates ; deux blancs ; trois noirs ; trois couleurs or; un noir; un blanc.—Répétez.

*Septième rangée* : cinq points écarlates ; deux blancs ; un noir; trois jaunes ; un noir; un blanc.—Répéter.

*Huitième rangée* : un point écarlate ; quatre couleurs de pierre foncées ; deux écarlates; deux blancs ; trois noirs ; un blanc.—Répéter.

*Neuvième rangée* : deux points écarlates ; quatre couleurs de pierre moyennes ; trois écarlates; quatre blancs.—Répétez.

*Dixième rangée* : deux points vert foncé ; trois couleurs de pierre claires ; sept écarlates; un noir.—Répétez.

*Onzième rangée* : trois mailles vert moyen ; dix écarlates.—Répétez.

*Douzième rangée* : cinq mailles vert clair ; cinq écarlates; une couleur de pierre foncée ; un écarlate; un vert clair.—Répétez.

*Treizième rangée* : un point de couleur pierre foncée ; un écarlate; quatre vert foncé ; quatre écarlates; trois couleurs de pierre foncées.—Répéter.

*Quatorzième rangée* : un point de couleur pierre centrale ; deux écarlates; trois verts moyens ; quatre écarlates; trois couleurs de pierre moyennes.—Répéter.

*Quinzième rang* : un point de couleur pierre claire ; trois écarlates; deux vert clair ; cinq écarlates; deux couleurs de pierre claires.—Répéter.

*Seizième rangée* : six points écarlates ; quatre blancs; trois écarlates.—Répétez.

*Dix-septième rang* : six points écarlates ; un blanc; trois ternes; trois blancs.—Répétez.

*Dix-huitième rangée* : trois points blancs ; trois écarlates; un blanc; un terne; quatre lilas foncés ; un terne.—Répétez.

*Dix-neuvième rangée* : trois points ternes ; quatre blancs; deux ternes; quatre lilas du milieu.—répéter.

*Vingtième rang* : six points ternes ; trois vert foncé ; trois lilas clairs ; un terne.—Répétez.

*Vingt et unième rang* : sept points ternes ; trois verts moyens ; trois ternes.—Répétez.

*Vingt-deuxième rangée* : quatre points ternes ; un lilas foncé ; un terne; six vert clair ; un terne.—Répétez.

*Vingt-troisième rangée* : quatre points ternes ; quatre lilas foncés ; un terne; quatre vert foncé.—Répétez.

*Vingt-quatrième rangée* : quatre points ternes ; quatre lilas du milieu ; deux ternes; trois verts moyens.—Répétez.

*Vingt-cinquième rangée* : cinq points ternes ; trois lilas clairs ; trois ternes; deux vert clair.—Répétez.

*Vingt-sixième rangée* : quatre points blancs ; neuf terne.—Répétez.

*Vingt-septième rangée* : un point blanc ; trois bleus ; trois blancs ; six ternes.—Répétez.

*Vingt-huitième rangée* : un point blanc ; un bleu; quatre bordeaux; un bleu; trois blancs ; trois ternes.—Répétez.

*Vingt-neuvième rangée* : un point blanc ; deux bleus ; quatre écarlates foncés; trois bleus ; trois blancs.—Répétez.

*Trentième rang* : trois points olive foncé ; trois écarlates; sept bleus.—Répétez.

*Trente et unième rang* : un point bleu ; trois olives moyennes; neuf bleu.—Répétez.

*Trente-deuxième rangée* : six points olive clair ; cinq bleus ; un bordeaux; un bleu.—Répétez.

*Trente-troisième rangée* : deux points bordeaux ; un bleu; quatre olives foncées; quatre bleus; deux bordeaux.—Répétez.

*Trente-quatrième rangée* : deux points écarlate foncé ; deux bleus ; trois olives moyennes; quatre bleus ; deux écarlates foncés.—Répétez.

*Trente-cinquième rang* : deux points écarlates ; trois bleus ; deux olives claires ; cinq bleus ; un écarlate.—Répétez.

*Trente-sixième rang* : sept points bleus ; quatre blancs; deux bleus.—Répétez.

*Trente-septième rangée* : un point blanc ; six bleus ; un blanc; trois écarlates (le fond de la bande suivante) ; deux blancs.—Répétez.

Ceci complète le motif, qui consiste en le même brin répété dans des couleurs différentes, sur trois fonds de couleurs différentes. On percevra que les brins courent dans une direction diagonale ; et le début des deux premières rangées de la quatrième bande, en se référant à la partie correspondante de la bande précédente, indiquera où doit commencer la branche suivante.

Si vous travaillez pour un sac ou un sac de voyage, le motif doit commencer par le bas, formant ainsi une bordure dans la partie inférieure ; mais si un oreiller, une nappe ou un couvre-pied est destiné à être confectionné, crochetez d'abord deux rangs unis, puis commencez le motif comme au *seizième rang* .

Pour travailler les articles plus gros selon le modèle ci-dessus, du molleton peut être employé ; pour les plus petits : la laine allemande ; et pour les plus élégants : chenille et or, ou soie et or.

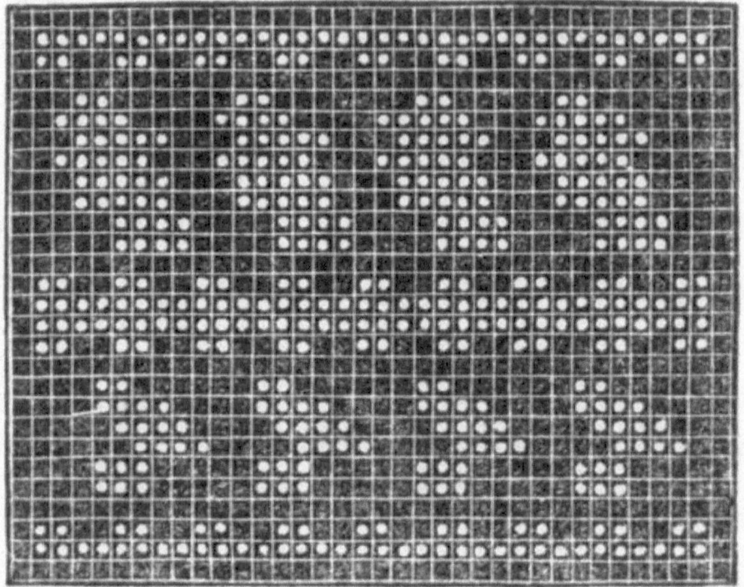

N°12.

Cela convient soit pour une couverture de table, un couvre-lit, un oreiller, le dessus de grands poufs, la couverture d'une chaise, un tapis ou un tapis de chevet. Un molleton à six fils et une aiguille en acier seront nécessaires. La ligne de démarcation est formée de deux bordeaux. Les rayures sont écarlates, bleues, dorées et blanches.

Le motif sur la bande écarlate : deux nuances de vert, lilas, blanc, marron et jaune vif.

Sur la bande bleue : deux écarlates, deux blancs, deux couleurs dorées, deux écarlates foncés.

Sur la bande dorée : deux bleus, bordeaux, blanc, lilas et vert.

Sur la bande blanche : deux verts, deux écarlates, deux bleus, un marron et un jaune.

## Une nappe ou un oreiller.

Polaire à six fils avec une aiguille en acier.

Le motif de la *bordure* est noir, le fond dans des tons dorés. Commencez par une chaîne noire et une rangée unie de la même ; puis, deux rangées unies de brun rouge. Dans la rangée suivante, commencez le motif comme suit :—

*Premier rang* — noir, avec les points simples du fond en brun rouge.

*Deuxième et troisième rangées* : noir et orange.

*Quatrième, cinquième et sixième rangées :* noir et or.

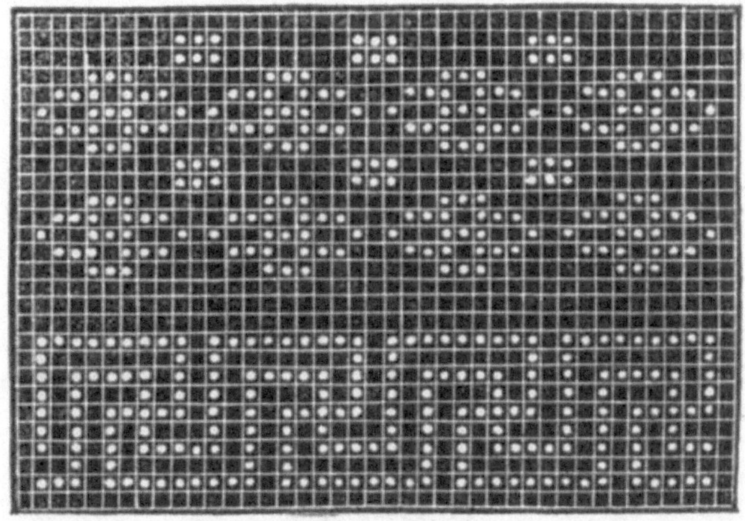

N°13.

*Septième, huitième et neuvième rangées* : noir et jaune. Une rangée unie de couleur paille, suivie d'une rangée unie de blanc, complètent la bordure.

Commencez le sol du centre, avec une rangée unie de bleu moyen. Sur ce fond bleu, tricotez le motif dans les couleurs suivantes :—

*Première rangée* : bordeaux foncé.

*Deuxième rangée* : bordeaux.

*Troisième rangée* : bordeaux, avec les trois mailles centrales en blanc.

*Quatrième rangée* : écarlate moyen.

*Cinquième rangée* : écarlate clair.

*Sixième et septième rangées* — (formant le deuxième motif du centre) — la couleur or et jaune qui étaient utilisées dans le fond de la bordure.

Recommencez par le bordeaux, comme au premier rang du motif.

Lorsque le carré est terminé, passez soigneusement les laines avec une aiguille à tapis ou nouez-les près de l'ouvrage ; cela produira un bord ferme sur lequel une frange pourra être cousue.

## Un Couvre-Pied ou Cradle Quilt.

Ce modèle est très simple et l'effet est extrêmement bon. Il est bien adapté au travail de la laine *chinée* .

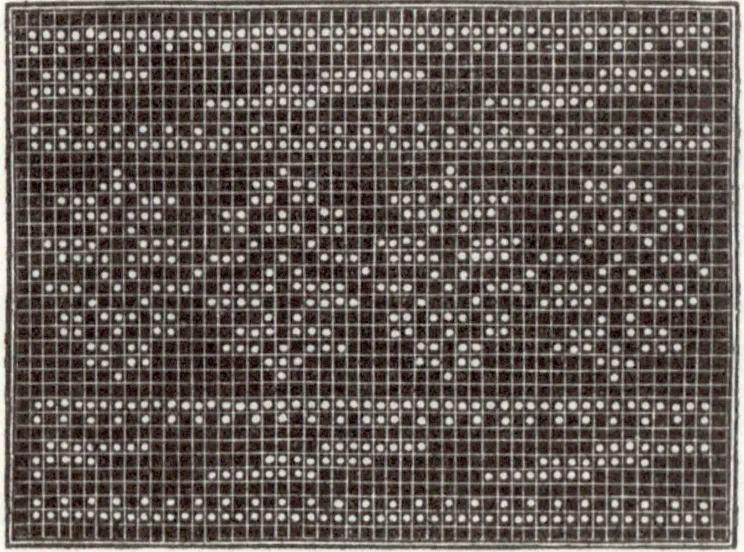

N°14.

La chaîne et le premier rang noirs. Le rang suivant alterne des mailles de laine noire et chinée (disons bleue). Le fond de la première rayure est en laine chinée bleue, avec le motif en blanc. La ligne de démarcation noire. Le fond de la rayure suivante est travaillé en laine chinée écarlate, avec le motif en blanc, sauf la ligne médiane ou vague, qui doit être noire.

### Crochet surélevé.

Le crochet en relief ou côtelé se travaille en rangs de droite à gauche, selon la méthode ordinaire ; mais le côté de l'ouvrage est inversé tous les rangs sur deux, comme dans le crochet simple (voir page 14 ), d'où cela devient le même que cette description de l'ouvrage, à cette exception près que le dos, ou sous la maille, doit toujours être pris; il a donc un aspect nervuré ou surélevé, et est rendu plus épais et plus serré, et d'une texture plus élastique.

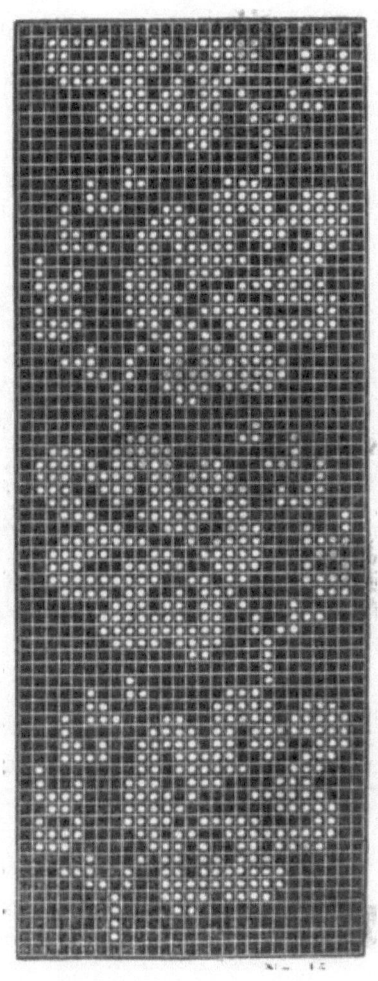

N°15.

Le modèle annexé est bien adapté au travail du crochet en relief. La couleur, formant le motif, ne doit être introduite que lorsque cela est nécessaire et ne doit pas être appliquée sur le fond, comme dans un crochet simple ; par conséquent, le même fil doit être repris et abandonné, selon la forme du motif, ce qui n'est en aucun cas difficile. Cependant, lorsque cela est nécessaire, la laine inutilisée doit être transportée à travers les mailles de celle utilisée et non laissée en vrac à l'arrière.

Le modèle donné ici est destiné à être travaillé en rayures ; ceux-ci doivent ensuite être cousus ensemble. C'est très beau pour les quilts, couvre-pieds, etc. Les couleurs peuvent être variées, ainsi : première rayure, blanche, avec le motif en écarlate ; le second, écarlate, avec le motif en blanc. Des laines ombrées peuvent être utilisées pour le motif sur fond uni.

## Un oreiller de canapé, une housse de table, etc.

Commencez par une chaîne noire. Tricoter un rang avec deux mailles noires et deux mailles écarlates, en alternance. Ensuite, une rangée d'écarlate et une rangée de noir ; ce dernier forme le fond de la bordure, dont le motif est en quatre nuances de couleur or, deux rangées de chacune, en commençant par la plus foncée. Une rangée unie de noir et une autre d'écarlate terminent la bordure.

N° 16.

Crocheter un rang uni de blanc, puis un rang uni de bleu ; ce dernier forme le sol du centre. Les couleurs du motif pin sont les suivantes :

*Première rangée* : écarlate moyen.

*Deuxième rangée* : écarlate clair.

*Troisième rangée* : trois points ternes ; deux noirs ; trois ternes.

*Quatrième rangée* : trois points blancs ; deux noirs ; trois blancs.

*Cinquième rangée* : trois points couleur or ; deux lilas ; trois couleurs or.

*Sixième rangée* : trois points jaunes ; deux lilas ; trois jaunes.

*Septième rangée* : trois points écarlates au milieu ; deux noirs ; trois écarlates moyens.

*Huitième rang* : trois points écarlate clair ; deux noirs ; trois écarlates clairs.

*Neuvième rangée* – terne.

*Dixième rangée* : blanche.

## Modèle de bordure pour un carré.

N°17.

Ce motif peut être utilisé pour un rangement, un oreiller de canapé, un tapis, un berceau ou une courtepointe de lit, une enveloppe de chariot, un d'oyley et une variété d'autres fins, où une bordure de chaque côté peut être nécessaire. Il peut être travaillé soit en maille serrée unie, soit en maille relevée. Un matériau différent, ainsi qu'une aiguille de taille différente, sont les seules conditions nécessaires pour l'adapter à l'un des objectifs ci-dessus. Ainsi,-

Pour un oreiller de canapé, du molleton zéphyr à huit fils ; pour un molleton à trois fils bien rangé ; pour un paillasson, du molleton commun à huit fils ; pour un tapis de fleurs, de la laine allemande ou anglaise ; pour une courtepointe de berceau, du molleton zéphyr à huit fils ; pour une couette de lit, du molleton à six fils ; pour un d'oyley, du coton tricoté plutôt fin. Cependant, la taille de l'article doit d'abord être déterminée et le nombre de points compté, de manière à obtenir le motif adapté à cette taille. La coloration la plus simple sera la plus efficace : un fond uni, avec le motif de n'importe quelle couleur vive. Les conceptions de cette description, qui nécessitent des calculs et un comptage constant, peuvent être considérées comme un travail amusant, mais pas très facile.

### Un sac à rayures diagonales, avec un fond en forme d'étoile.

Réaliser une chaînette de quatorze mailles, en soie au crochet bordeaux ; joignez les deux extrémités ensemble et crochetez un rang uni tout autour. Au rang suivant (afin de garder le cercle plat), un point sur deux doit être fait en couture ou en point de séparation, ce qui se fait en plaçant l'aiguille sous les deux boucles au lieu d'une et en faisant deux points au même endroit. , un point sur deux étant un point simple. Au rang suivant, tricotez le point de couture au même endroit en laissant deux points simples entre chacun, au lieu d'un. Répétez ce cercle seize fois, en veillant toujours à garder le point de couture au même endroit, le nombre de points simples augmentant progressivement, lorsqu'une surface plane d'environ quatre pouces de diamètre sera produite, entrecoupée de sept rayures en relief. Une bordure vandyke en bordeaux et vert peut maintenant être réalisée comme suit.

*Première rangée* : cinq points bordeaux ; un vert.

*Deuxième rangée* : trois points bordeaux ; trois verts.

*Troisième rangée* : un point bordeaux ; cinq verts.

*Quatrième rangée* : verte.

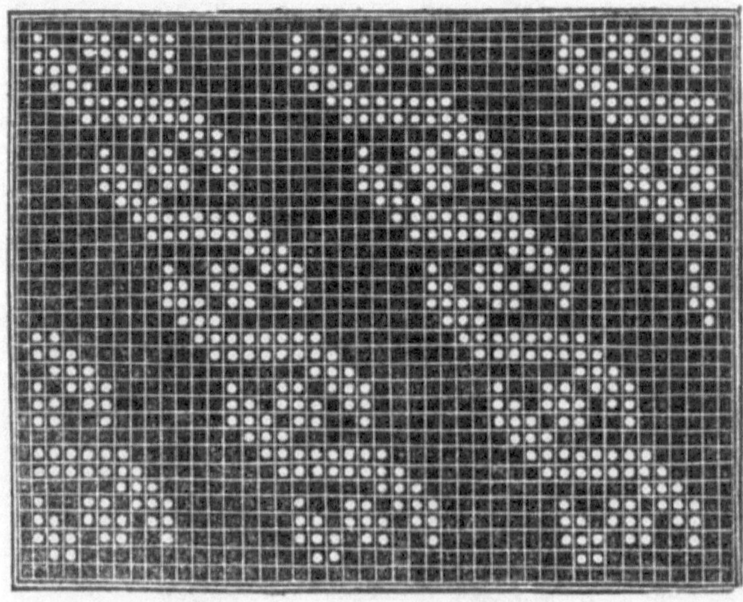

N° 18.

Le motif annexé peut ensuite être tricoté en vert sur fond bordeaux.

À moins de cinq rangées du haut du sac, travaillez une rangée unie de fond bordeaux, répétez le vandyke et travaillez deux rangées simples de fond bordeaux.

Ce sac est très joli et délicat travaillé en blanc et or, et en bleu et or ; sa couleur peut également varier selon le goût. Le motif est extrêmement beau avec des perles en acier.

### Un fond étoile pour sac, avec des perles.

Faites une chaîne de quatorze mailles, joignez les deux extrémités avec le crochet et crochetez un rang uni tout autour. Au rang suivant, une maille sur deux doit être une couture ou une maille de séparation, ce qui se fait en plaçant l'aiguille sous les deux boucles, au lieu de sous une, et en faisant deux mailles au même endroit : une maille sur deux étant une maille simple. , sur lequel doit être une perle. Au rang suivant, tricotez le point de couture exactement sur le dernier, ce qui laissera deux points simples entre eux au lieu d'un ; ceci doit être répété jusqu'à ce que huit cercles soient formés, chaque point simple comportant une perle. Crochetez encore huit rangs en laissant le point de couture au même endroit, mais diminuez le nombre de perles, en laissant de côté une perle dans chaque division sur chaque cercle successif, de sorte que le dernier rang n'ait qu'une seule perle dans chaque division. Crocheter ensuite quatre rangs unis en gardant le point de couture au même endroit que précédemment, puis un rang uni tout le tour, sans point de couture, qui forme le fond du sac.

### Un sac rond, avec fond étoilé et brins en soie et or.

Ce sac est travaillé au crochet double au point uni, avec de la soie au crochet et du doré de la même taille. Il faudra une aiguille en acier, avec vingt-cinq mètres de cordon d'or et environ douze écheveaux de soie. Les couleurs de la soie sont le bordeaux, trois nuances de vert et le noir.

Commencez par une chaîne de neuf mailles, en bordeaux ; unissez les extrémités et crochetez un rang uni, en augmentant à chaque point. Joignez-vous à la soie noire et tricotez un point de noir et deux de bordeaux, alternativement, en augmentant avec le point noir. Il devrait maintenant y avoir vingt-sept points de suture. Tricoter un autre rang de la même manière, mais sans augmenter. Au rang suivant ( *le troisième* , avec deux couleurs) - deux mailles noires, deux bordeaux, - alternativement - en augmentant avec les mailles noires. Les deux mailles bordeaux sont à répéter l'une sur l'autre (de façon à former une étoile) dans chacun des neuf rangs suivants.

*Quatrième et cinquième rangs* - bordeaux et noir, - en augmentant d'un point tous les deux points du bordeaux.

*Sixième, septième, huitième et neuvième rangs* – bordeaux et vert foncé, – en augmentant d'un point, comme auparavant.

*Dixième rang* : bordeaux et vert moyen, en augmentant d'un point, comme avant.

*Onzième rangée* : un point d'or ; quatre verts moyens, augmentant d'un point ; deux pièces d'or ; deux verts ; un or; deux bordeaux.—Répétez.

*Douzième rangée* : deux points d'or ; deux verts moyens ; trois pièces d'or ; deux verts ; un or; deux bordeaux.—Répétez.

*Treizième rangée* : deux points d'or ; trois verts moyens ; un or; trois verts ; deux points d'or, augmentant sur les points d'or ; deux bordeaux.—Répétez.

*Quatorzième rangée* : un point bordeaux ; deux pièces d'or ; cinq vert clair ; deux pièces d'or ; cinq bordeaux,—augmentant sur le troisième point.—Répétez à partir des deux premiers points d'or.

*Quinzième rangée* : un point bordeaux ; deux pièces d'or ; trois vert clair ; deux pièces d'or ; huit bordeaux,—augmentant sur le troisième point.—Répétez à partir des deux premiers points d'or.

*Seizième rangée* : un point bordeaux ; cinq pièces d'or ; cinq bordeaux,—augmentant sur le troisième point ; un or; cinq bordeaux.—Répétez à partir des cinq points d'or.

*Dix-septième rangée* : un point bordeaux ; trois pièces d'or ; cinq bordeaux; trois pièces d'or ; six bordeaux,—augmentant sur le deuxième point.—Répétez à partir des trois premiers points d'or.

*Dix-huitième rangée* : un point bordeaux ; un or; trois bordeaux,—augmentant sur le deuxième point ; deux vert foncé ; deux bordeaux; trois pièces d'or ; deux bordeaux; deux verts ; trois bordeaux.—répétez à partir du premier point d'or.

*Dix-neuvième rangée* : quatre points bordeaux ; deux verts moyens ; deux pièces d'or ; un bordeaux; un or; un bordeaux; deux pièces d'or ; deux verts ; sept bordeaux.—Répétez à partir des deux premiers points verts.

*Vingtième rangée* : un point bordeaux ; deux vert clair ; deux bordeaux; un or; deux bordeaux; deux verts ; neuf bordeaux, sans augmenter.—Répéter à partir des deux premiers points verts.

*Vingt et unième rang* : deux points bordeaux ; cinq vert foncé ; quatorze bordeaux.—Répétez à partir des cinq points verts.

*Vingt-deuxième rangée* : un point bordeaux ; trois verts moyens ; quinze bordeaux.—Répétez à partir des trois points verts.

Le fond et la première rangée de brins sont maintenant terminés, le sac ayant atteint tout son diamètre. Dans la rangée suivante, les brins doivent être recommencés.

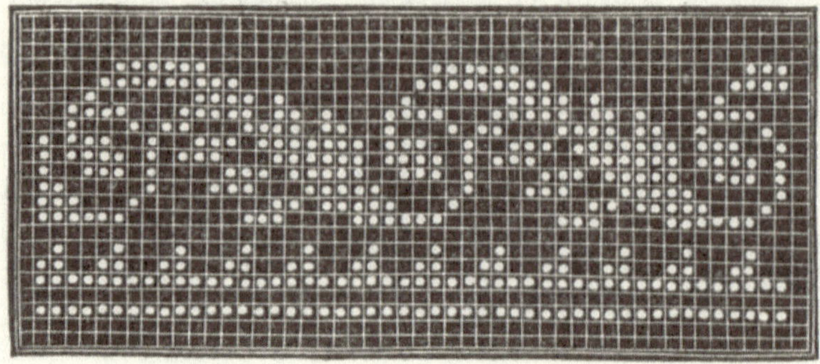

N° 19.

Le motif de ce sac est en blanc et or, le fond étant d'un riche bleu Waterloo. Il doit être travaillé avec de la soie au crochet de taille moyenne. Le motif de défilement ci-dessus sera répété neuf fois, sur un sac de taille habituelle. Commencez par une chaîne de cent quatre-vingts mailles.

Chaîne et *première rangée* ,—bleu Waterloo.

*Deuxième rangée* : blanche.

*Troisième rangée* : bleu Waterloo.

*Quatrième rangée* : or.

*Cinquième rang* : deux points dorés, deux bleus, alternativement.

*Sixième rangée* – un point doré, trois bleus – en alternance.

Tricoter un rang de bleu et commencer le motif de défilement ainsi :—

*Premier rang* : deux points bleus ; six pièces d'or ; quatre bleus ; trois blancs ; cinq bleus.—Répétez jusqu'à la fin de la rangée.

*Deuxième rangée* : un point bleu ; un or; trois bleus ; deux pièces d'or ; trois blancs ; un bleu; deux pièces d'or ; sept bleus.—Répétez.

*Troisième rangée* : un point doré ; cinq bleus ; trois pièces d'or ; deux blancs ; trois bleus ; trois blancs ; trois bleus.—Répétez.


*Quatrième rangée* : un point doré ; un bleu; trois pièces d'or ; deux bleus ; trois pièces d'or ; deux blancs ; un bleu; trois pièces d'or ; quatre bleus.—Répétez.

*Cinquième rangée* : un point doré ; un bleu; un or; deux blancs ; un or; un bleu; quatre pièces d'or ; deux blancs ; trois bleus ; trois blancs ; un bleu.—Répétez.

*Sixième rangée* : un point doré ; deux bleus ; trois pièces d'or ; un bleu; cinq pièces d'or ; deux blancs ; un bleu; trois pièces d'or ; deux bleus.—Répétez.

*Septième rangée* : un point bleu ; un or; trois bleus ; un or; deux bleus ; deux pièces d'or ; un bleu; deux pièces d'or ; deux blancs ; trois bleus ; deux blancs.—Répétez.

*Huitième rang* : deux points bleus ; quatre pièces d'or ; trois bleus ; un or; un bleu; deux pièces d'or ; un bleu; un or; deux blancs ; deux pièces d'or ; un bleu.—Répétez.

*Neuvième rangée* : quatre points bleus ; un or; sept bleus; un or; un bleu; trois pièces d'or ; un blanc; deux bleus.—Répétez.


*Dixième rangée* : trois points blancs ; un or; onze bleus; trois pièces d'or ; deux blancs.—Répétez.

*Onzième rangée* : trois points dorés ; quatorze bleus ; trois pièces d'or.—Répétez.

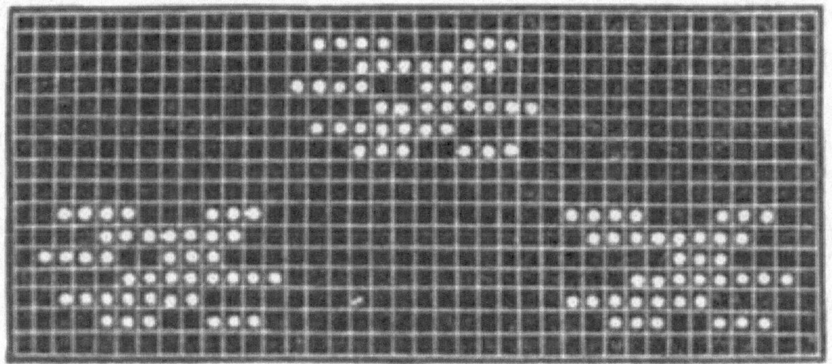

N°20.

Le motif en cachemir ci-dessus peut être repris pour la partie supérieure du sac, étant travaillé en blanc et or.

### Un très Joli Sac dans les tons de Soie, avec du Doré.

La coloration la plus élégante pour ce sac sera quatre nuances, du noir au tout joli *écru* ; mélangé avec du bleu, du violet, de l'écarlate ou du vert, dans un nombre égal de nuances.

Commencez par une chaîne de deux cent quarante mailles en filet de soie fine ; travaillez deux rangs simples de crochet ouvert et joignez-les ensemble sur leurs deux bords : cela formera une jolie finition pour le fond du sac. Crochetez un rang uni de noir.

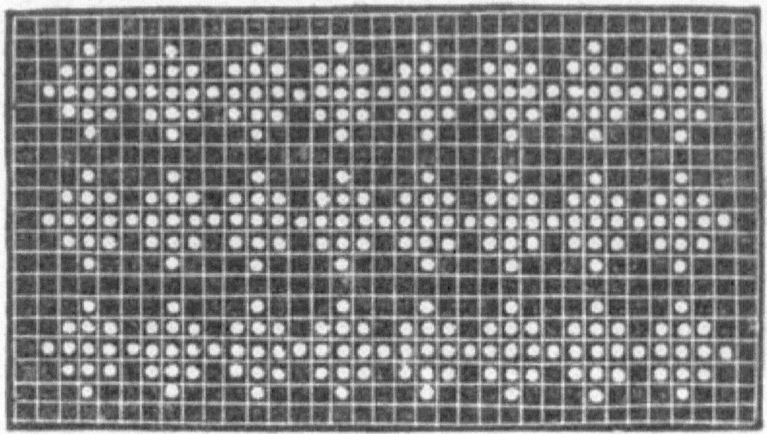

N°21.

Le modèle ci-dessus doit maintenant être travaillé. — Commencez par l'or, pour former une demi-rangée de losanges, en crochetant une rangée unie. Au rang suivant, trois points dorés, un noir, alternativement ; au rang suivant, un point doré, trois noirs alternativement. La rangée suivante est noire, formant la rangée centrale de la première rangée parfaite de diamants.

La rangée suivante de losanges, formés de la nuance d'écru la plus foncée, commence comme la précédente, un point écru ; trois noirs ; au rang suivant, trois mailles écru ; un noir.

Ceci termine la première rangée complète de diamants en noir. La rangée suivante est écru uni, formant la rangée centrale de la deuxième rangée parfaite de diamants. La troisième rangée de diamants doit être d'une teinte moyenne d'écru ; le quatrième, la nuance d'écru la plus claire.

Répétez une rangée de diamants en or et commencez une autre bande de diamants avec l'une des couleurs mentionnées ci-dessus, en commençant par le noir ; puis la teinte la plus foncée ; puis le milieu ; et enfin le plus léger.

Répétez une rangée de diamants en or, et recommencez avec la rayure dans les tons écru.

### Un sac en chenille.

Commencez par une chaînette de quatre mailles en bleu ; après avoir réuni les extrémités, crochetez trois rangs, en augmentant sur chaque maille, dans le *premier et le deuxième rang* ; et sur un point sur deux de la *troisième rangée* , ce qui devrait compter vingt-quatre points.

*Quatrième rangée* : joignez-vous au bordeaux ; travailler un point bordeaux, un bleu, en alternance.

*Cinquième rangée* : deux points bordeaux ; un bleu, alternativement, augmentant sur les points bordeaux.

*Sixième rangée* : deux points bordeaux ; deux bleus,—en augmentant sur les points bleus.

*Septième rangée* : deux points bordeaux ; trois bleus,—augmentant sur le deuxième point de bleu.

*Huitième rangée* : deux points bordeaux ; quatre bleus,—augmentant sur le deuxième point de bleu.

*Neuvième rangée* : deux points bordeaux ; cinq bleus,—augmentant sur le deuxième point de bleu.

*Dixième rangée* : deux points bordeaux ; six bleus,—augmentant sur le troisième point de bleu.

*Onzième et douzième rangées* : deux points bordeaux ; six bleus, sans augmenter.

*Treizième rangée* : deux points bordeaux ; sept bleus, augmentant sur le troisième point de bleu.

*Quatorzième rangée* : un point bordeaux ; cinq bleus ; cinq bordeaux,—augmentant sur le deuxième point ; cinq bleus ; quatre bordeaux,—sans augmenter.—Répéter à partir des cinq premiers points de bleu.

*Quinzième rangée* : un point bordeaux ; trois bleus ; sept bordeaux; trois bleus ; sept bordeaux,—augmentant sur le troisième point.—Répétez à partir des trois premiers points bleus.

*Seizième rangée* : un point bordeaux ; un bleu; dix bordeaux,—augmentant sur le quatrième point.—Répétez à partir du premier point bleu.

*Dix-septième et dix-huitième rangs* — bordeaux, — sans augmentation.

*Dix-neuvième rang* — bordeaux, — en augmentant d'un point tous les trente-troisièmes. Ce rang doit contenir cent trente-six mailles, lorsque le sac aura acquis sa pleine taille et que l'augmentation sera terminée.

Les trois rangs suivants sont tricotés en quatre points d'or et quatre points de bordeaux, alternativement. Ensuite, quatre rangées simples, à savoir : une en or ; un noir; un blanc; et un d'or ; suivi d'un rang de bleu et d'un rang de blanc, en double crochet ouvert ; puis, un rang d'or, un rang de noir et un rang d'or, au crochet simple. Répétez les deux rangs de crochets doubles ouverts, le premier en bleu, le second en bordeaux ; ainsi que le rang en or ; la seule rangée de noir ; et une rangée d'or. Recommencez avec les rangs bleu et blanc, en doubles mailles ajourées.

Il doit y avoir quatre divisions de crochet double ouvert, le sac étant terminé par la rayure noire et dorée.


### Un sac au crochet ouvert en chenille.

Réalisez une chaîne de six boucles, en fine chenille bleue, et réunissez les deux extrémités. Crocheter en rangs, pour former un rond (en augmentant un nombre suffisant de mailles dans chaque rang pour garder l'ouvrage à plat), jusqu'à ce que quatorze rangs soient terminés. Cela forme le fond du sac.

Commencez un motif *vandyke*, en faisant un point d'or sur chaque cinquième du fond coloré, dans la première rangée. Au rang suivant, trois points d'or et trois de fond ; dans le suivant, cinq d'or et un de terre. Les deux rangées suivantes doivent être simples : la première en or, la seconde en noir.

Tricoter deux rangs de crochet ouvert, l'un en écarlate, l'autre en bleu.

Les deux rangs de noir, avec un rang d'or entre eux, doivent ensuite être tricotés au crochet simple ; suivi de deux rangs de crochet ouvert, le premier blanc, le second bleu. Répétez les deux rangs de noir, avec l'or entre les deux, et les deux rangs de crochet ouvert, alternativement, pour compléter le sac.

Il faudra environ seize écheveaux de chenille et vingt-quatre mètres de corde d'or.

### Une casquette grecque en soie au crochet.

Commencez par le haut avec une chaîne de quatorze mailles, réunissez les extrémités et crochetez un rang simple. Au rang suivant, tracez une ligne en relief ou une ligne de séparation tous les deux points, comme pour le fond des sacs. L'augmentation doit être continuée jusqu'à ce que le diamètre du cercle soit d'environ six pouces et demi. Travaillez autour de cela, en rangées simples, jusqu'à ce que le capuchon soit suffisamment profond ; des points croissants occasionnels peuvent être faits, s'ils ne sont pas assez grands.

Le bonnet doit être terminé par une double tresse d'or, rejoignant les pointes des lignes croissantes : une bande d'or autour du bas, et un beau pompon au sommet peuvent être ajoutés ; ou à la place de ceux-ci, des passementeries en soie peuvent être remplacées. Il doit être très soigneusement maquillé à l'intérieur.

### Une casquette grecque en chenille grossière.

Commencez par le haut avec une chaîne de six ou huit mailles ; unissez les extrémités et travaillez en rangées en rond (en augmentant un nombre suffisant de points dans chaque rangée pour garder l'ouvrage à plat) jusqu'à ce qu'il atteigne environ huit pouces de diamètre. Les côtés peuvent être travaillés au crochet ouvert, en introduisant quelques lignes simples de noir et d'or entre chaque deux rangs du crochet ouvert.

Les meilleures couleurs pour une casquette en chenille sont le noir et l'or ; le bleu foncé, le noir et l'or ; et le bordeaux, le noir et l'or.

### Un Essuie-Plume.

Commencez par une chaîne d'environ six mailles en soie résille verte unie ; crocheter les deux extrémités ensemble; tricoter trois rangs unis de vert, puis un rang de points alternés d'écarlate foncé et de vert.

La soie écarlate formera maintenant le fond sur lequel le motif étoilé vert sera travaillé. Crocheter un rang avec deux mailles vertes et deux mailles écarlates, alternativement ; dans la rangée suivante, deux d'écarlate et trois de vert. Crocheter, de la même manière, un rang après l'autre, en augmentant sur chaque rang une maille du motif vert, chaque fois que cette couleur est répétée, jusqu'à ce qu'elle compte sept mailles dans chaque division ; en prenant soin de maintenir les deux points écarlates du sol exactement l'un sur l'autre.

Le motif doit maintenant être diminué en tricotant quatre points d'écarlate et cinq de vert ; dans la rangée suivante, sept d'écarlate et trois de vert ; et dans le suivant, dix d'écarlate et un de vert ; en augmentant d'un point dans chaque division du fond.

Tricoter deux rangs unis écarlate, en augmentant un nombre de mailles suffisant pour que l'ouvrage reste plat, et terminer par une sorte de frange, formée de deux rangs de crochet ajouré en vert.

### Une chaîne de cou.

La chaîne est réalisée en commençant par cinq points simples, puis en passant l'aiguille à travers l'arrière du deuxième point et en réalisant un point simple. On constatera, en tordant la chaîne après chaque point, qu'un point semble traverser, c'est le point qu'il faut toujours prendre et crocheter.

### Une pantoufle au crochet.

Les rayures de couleur claire qui composent cette pantoufle sont alternativement chamois et blanches : la bande sombre entre chacune est d'un bleu intégral. Chaque bande est séparée par une ligne de séparation noire. Les couleurs du motif sur chaque bande sont les suivantes : -

Commencez par la pointe avec la bande bleue, les couleurs du motif étant le bordeaux, l'or et l'écarlate.

La *deuxième bande* est chamois, les couleurs du motif étant le bleu foncé, le lilas, l'écarlate et le vert.

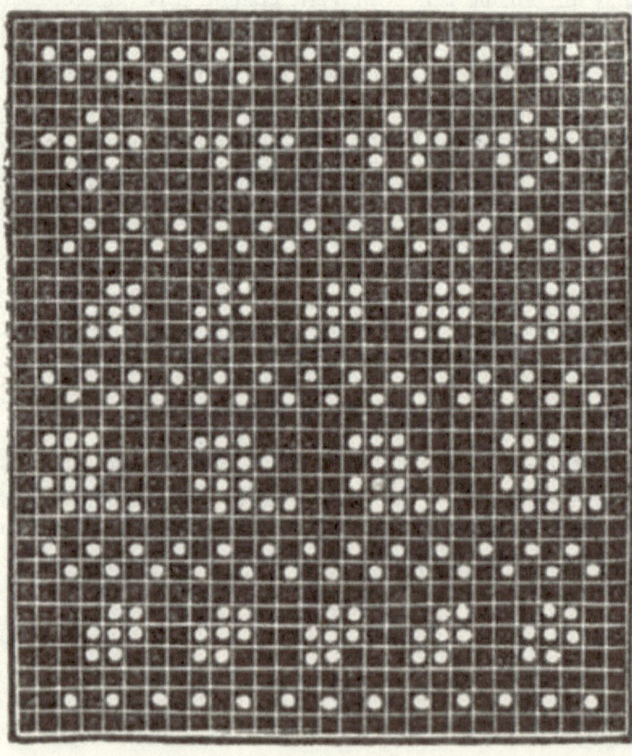

Répétez la bande bleue.

La *quatrième bande* est blanche, les couleurs du motif étant le violet, le lilas, le vert et l'écarlate.

Cette pantoufle peut être travaillée en soie au crochet ou en laine allemande. Le nombre de rayures doit dépendre de la taille souhaitée du chausson.

4th Stripe.

3d Stripe.

1st and 2d Stripes.

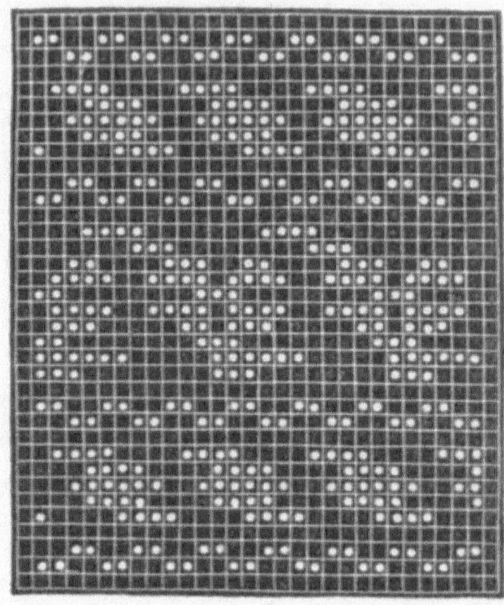

N°23.

Le modèle ci-dessus est destiné à une pantoufle, en *laine allemande* ou en soie au crochet, en rayures, sur le devant, continuées dans la même direction autour du dos. Les couleurs des différentes rayures, commençant à la pointe, sont les suivantes :

*Première bande :* couleur dorée ; avec le motif composé de noir, vert, blanc, écarlate vif et noir.

*Deuxième bande* : bleue ; le motif en écarlate, noir, couleur or, blanc et bordeaux.

*Troisième bande* — (le centre de la gravure) écarlate ; cette bande est plus large que toute autre sur la pantoufle. Le motif est composé de vert clair, vert foncé, noir, bleu clair et or, bleu foncé et bordeaux, noir, or et lilas, blanc et lilas foncé, vert clair et vert foncé.

*Quatrième bande* : blanche ; le motif en bleu, jaune, lilas, vert et écarlate.

Les rayures étroites se répètent sur le dos de la pantoufle ; ils sont de couleur or, bleus, écarlates, blancs et verts.

Pour une pantoufle de gentleman de taille moyenne en soie au crochet, la pointe pourrait être commencée par vingt-quatre points et augmentée dans les rangées suivantes, jusqu'à ce que la largeur du cou-de-pied soit de quatre-vingts points, mais, comme certaines personnes travaillent beaucoup plus serré que pour d'autres, un nombre positif ne peut pas être donné. La soie peut également varier en taille, ainsi que les dimensions requises pour une pantoufle. L'augmentation se fait par l'ajout d'une maille de chaque côté de l'ouvrage.

Les rayures sur le devant de la pantoufle sont de couleur dorée, bleue, écarlate et blanche ; ce dernier traverse le cou-de-pied. Comptez le nombre de mailles sur la bande blanche et, avec la couleur or, commencez une bande sur un tiers de sa longueur sur un côté, pour former le dos. Continuez ces rayures, jusqu'à ce que le dos soit suffisamment long pour être cousu sur le devant de l'autre côté. Il est conseillé, avant de commencer un chausson, de découper un patron en papier de la taille et de la forme souhaitée.

Ceux-ci forment *des chaussons* à porter par-dessus les chaussures, la semelle étant formée de gros crochet noir ; ou bien ils peuvent être confectionnés de la manière habituelle pour les pantoufles, soit pour dames, soit pour messieurs. En soie au crochet, ils sont extrêmement chauds et durables. — Les extrémités de la laine ou de la soie doivent être enfilées avec une aiguille et introduites dans l'ouvrage à l'intérieur.

### Un sac à main.

Les sacs à main au crochet unis sont extrêmement solides et peuvent être confectionnés très joliment avec un filet de soie de taille moyenne. Ceux-ci, travaillés en rangées sur toute la longueur de la bourse, sont les plus faciles à réaliser.

Confectionner une chaînette en soie résille écarlate de cent quarante mailles, sur laquelle crocheter trois rangs unis de la même couleur. Ensuite, cinq rangées unies dans des tons de vert ou couleur pierre. Ces deux rayures sont à répéter jusqu'à ce que le porte-monnaie ait une largeur suffisante. Une fois terminé, il doit être soigneusement cousu ou assemblé en crochetant les deux côtés ensemble. Les extrémités doivent ensuite être relevées et la bourse taillée.

### Un sac à main uni avec une extrémité carrée et une extrémité ronde.

Commencez par une chaîne de quatorze mailles, et en joignant les deux extrémités ensemble, crochetez un rang simple tout au long du tour. Dans la rangée suivante, chaque point alterné doit être un point de séparation ou un point de couture ; cela se fait en passant l'aiguille sous les deux boucles correspondantes du premier rang et en faisant deux points au même endroit. Ce point de séparation est à répéter au même endroit à chaque rang, jusqu'à ce que dix rangs soient tricotés ; lorsqu'un nombre suffisant de rangs unis doit être crocheté en fonction de la longueur de la bourse, jusqu'au début de l'ouverture latérale.

L'ouverture de la bourse se fait en crochetant des rangs unis, alternativement, de droite à gauche et de gauche à droite. Lorsqu'un nombre suffisant d'entre elles sont effectuées : -

Les rangs unis sont à nouveau à travailler, pour correspondre à l'ancienne partie ; mais, au lieu de l'extrémité ronde, elle doit être laissée carrée et cousue, avec un pompon à chaque coin.

### Un sac à main ouvert au crochet au point uni.

Faites une chaîne de cent soixante, ou cent soixante-dix points ; au dernier point de celui-ci, crochetez une courte chaîne de cinq points, dont le dernier doit encore être crocheté jusqu'au cinquième point de *la chaîne* ; répétez cette opération sur toute la longueur de la fondation ; et revenez le long du rang de la même manière, en attachant chaque cinquième maille à la maille centrale de chaque boucle du dernier rang. L'ensemble de la bourse doit être continué de la même manière, mais il peut être varié, selon le goût, en utilisant deux ou plusieurs couleurs. Lorsque la bourse est travaillée à la taille désirée, coupez un morceau de carton rigide et cousez-y fermement la bourse, l'envers vers l'extérieur ; Ensuite, humidifiez-le avec de l'eau et laissez-le rester jusqu'à ce qu'il soit sec. Ce processus étirera le sac à main, resserrera les points de suture et les amènera tous à leur place. Puis, après avoir cousu ou croché les côtés, remontez les extrémités et mettez les passementeries. — Cette bourse ne doit être faite qu'avec de la soie fine.

Le motif n°1 ( page 16 ) représente ce point.

### Un sac à main élégant en soie et or.

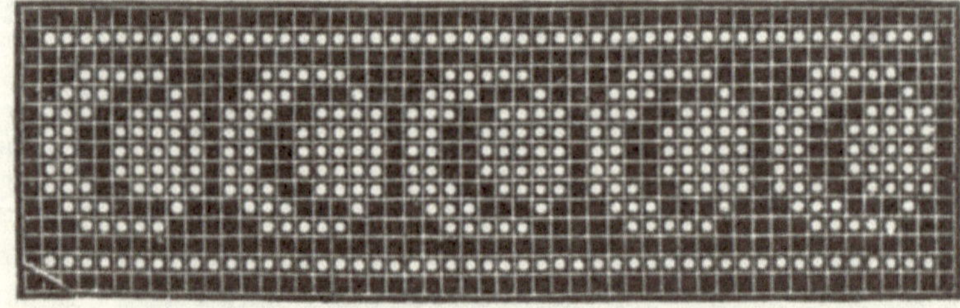

N°24.

Commencez par une chaîne de cent quatre-vingts mailles en fine soie résille blanche.

*Deuxième rangée* : or.

*Troisième rangée* : blanche.

Crocheter onze rangs avec de la soie violet vif, avec le motif ci-dessus en doré.

*Quinzième rangée* : blanche.

*Seizième rangée* : or.

*Dix-septième rangée* : blanche.

Crocheter trois rangs de crochets triples ouverts avec de l'or. Ce qui précède, travaillé quatre fois, complètera la bourse. Il convient d'omettre l'une des figures circulaires, au centre de chaque bande ; et aussi, pour inverser la direction du motif à l'extrémité opposée du sac à main.

Le ponceau, bleu ou vert, peut remplacer la soie violette.

Ce motif peut également être travaillé efficacement dans deux couleurs choisies, soit avec du zéphyr, soit avec du molleton à six fils, pour des coussins de canapé, des rangements, etc.

## Un sac à main court.

Commencez par le bas avec une chaîne de quatorze mailles ; unissez les deux extrémités et travaillez en rond, en augmentant au moyen de lignes de séparation, jusqu'à ce qu'un cercle plat d'environ deux pouces de diamètre soit formé. Sur ce point, travaillez en rangées simples jusqu'à ce que le sac à main mesure environ trois pouces de longueur. Il doit ensuite être divisé exactement et chaque côté travaillé d'avant en arrière, sur environ huit rangs, ou selon ce qui est suffisant pour la profondeur du bouton-pression.

Le motif de pin annexé et le *vandyke habituel* conviennent aux sacs à main courts. Environ cent vingt points formeront une bourse de bonne taille.

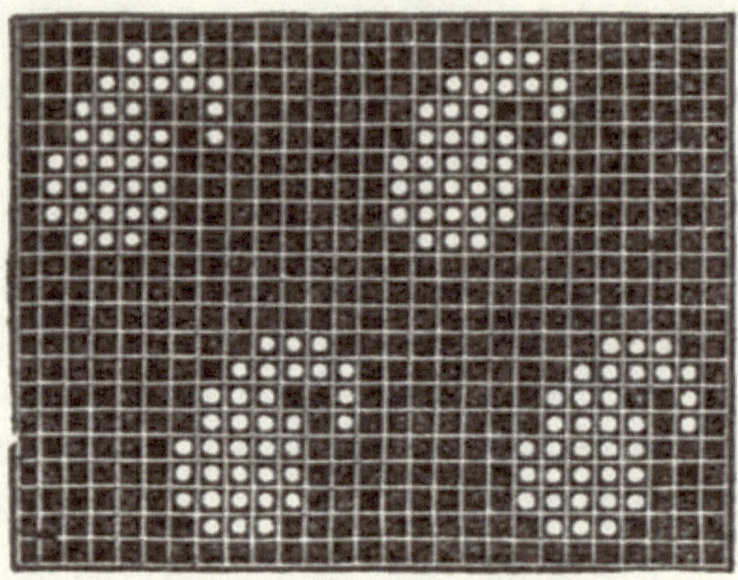

N°25.

## Un sac à main Sprigged en crochet ouvert et uni.

Commencer par un rang de crochet ouvert, en soie dorée ; tricoter un rang de crochet uni, toutes les deux mailles alternativement en bleu et or; puis, une rangée de bleu uni.

La rangée suivante, ou *quatrième* , est formée alternativement de deux points écarlates et de cinq points bleus.

*Cinquième rangée* : quatre bleues, cinq blanches, en alternance.

*Sixième rangée* : quatre bleues ; quatre couleurs de pierre.

*Septième rangée* : cinq points bleus ; deux roses.

Répétez la rangée de bleu uni ; puis, un rang, alternativement deux mailles bleues et deux mailles dorées, et recommencer avec le crochet ouvert.

## Un sac à main élégant avec de l'or.

Commencez par un rang de crochet ouvert, sur toute la longueur du sac à main, en fin filet de soie blanc. Ensuite, un rang de crochet uni, en points alternés, de blanc et de bleu complet, ou de blanc et de ponceau.

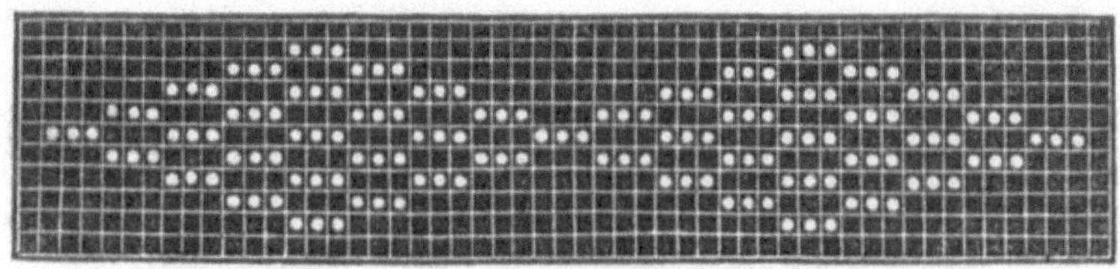

N°26.

Travaillez le motif ci-dessus en or, sur le fond bleu ou ponceau. Ensuite, trois rangs de crochet ouvert en blanc ; et répétez le motif et ouvrez le crochet en alternance.

Lorsque la bourse sera terminée, on constatera qu'il n'y a que deux rangées de crochets ouverts là où elle est jointe, mais cela ne peut être évité.

Le même motif pourra également être travaillé en perles d'or ou d'acier, mais il conviendra alors d'omettre le motif au centre du porte-monnaie. Une couleur supplémentaire peut être introduite, avec un très bon effet, sur le fond entre les perles. Dans un sac à main de taille moyenne, le motif sera répété sept fois sur toute la longueur. Quelques points simples en haut et en bas du sac à main seront souhaitables.

### Un sac à main court avec des perles.

Commencez par une chaîne de cent mailles, en soie résille vert foncé, et tricotez un rang uni ; puis crochetez cinq rangs avec des perles d'acier, pour former la première rayure du motif.

Tricoter un rang uni de blanc. Puis, sur le fond blanc, crochetez la deuxième rayure du motif, avec des perles dorées. Tricoter un rang uni de blanc.

La troisième bande est verte, la division inférieure du motif est en perles d'acier, la partie supérieure en perles d'or.

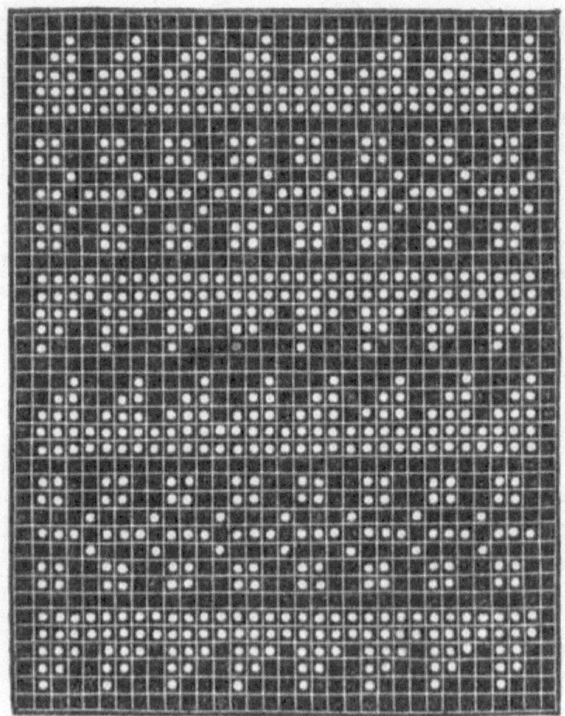

N°27.

La quatrième bande est blanche, le motif en perles d'acier, avec une rangée unie de blanc en haut et en bas.

Recommencez par le vert, et après avoir travaillé les cinq rangs du motif avec des perles d'or, terminez par vingt rangs unis de vert.

### Un sac à main avec des perles en crochet uni et ouvert.

Réalisez un fond en étoile avec des perles d'acier (comme indiqué page 65 ) et un fin filet de soie d'un vert émeraude foncé. Tricoter trois rangs de crochet ajouré dans un vert clair puis, l'un ou l'autre des motifs annexés, en perles d'acier, sur fond de ponceau.

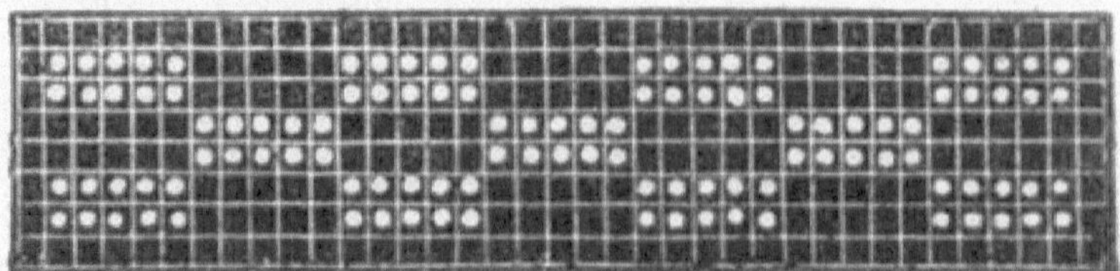

N°28.

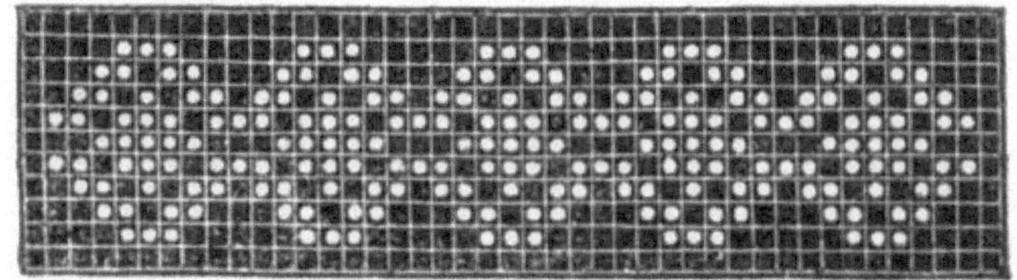

N°29.

Crocheter encore deux rangs de crochet ouvert en vert clair. Répétez le motif avec des perles d'acier et tricotez deux autres rangs de crochet ouvert. Ceci complète une extrémité du sac à main.

Le centre doit être en crochet simple.

### Sac à main au crochet en spirale.

N° 30.

Réalisez une chaînette de cent soixante-dix mailles, en bobine de soie. Au début de cette chaîne, crochetez une autre chaîne courte (comme au crochet ouvert au point simple), de trois mailles dont la troisième maille passe par la quatrième maille de *la chaîne* , et travaillez trois mailles simples. Crochetez une autre chaîne de trois mailles et passez la dernière maille, comme avant, dans la quatrième maille de *la chaîne* . Ceci doit être répété jusqu'à la fin du rang.

Tous les rangs suivants sont les mêmes, sauf que les points simples du rang suivant sont toujours un point en avance sur le précédent.

Le crochet en spirale peut être varié en travaillant cinq ou sept points au lieu de trois, comme indiqué ci-dessus. Les sacs à main et les sacs les plus élégants peuvent ainsi être réalisés, en introduisant de l'or et en utilisant la soie dans les tons.

**Un sac à main au crochet uni et ouvert.**

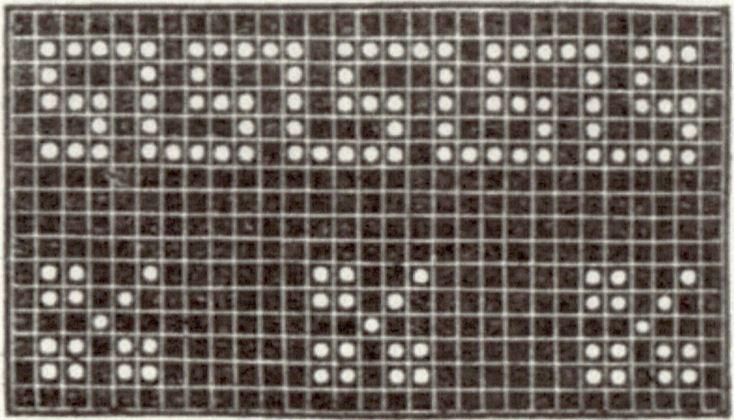

N° 31.

Commencez par un rang de crochet ouvert, en filet de soie fin, de couleur or mort. Crocheter un rang de crochet uni en noir et cinq rangs en bleu ; sur ces derniers, le motif de brins ci-dessus peut être travaillé avec des perles d'or ou d'acier. Une rangée unie de noir complète la rayure.

Crocheter deux rangs de crochet ouvert dans la couleur dorée. Alors,-

Sept rangs de noir, avec la bordure grecque en ponceau, sur le même, pour former une seconde raie.

Répéter les deux rangs de crochet ouvert en couleur or, et recommencer, avec la rayure bleue, comme avant.

Le sac à main doit mesurer environ neuf pouces de longueur. Il faudra trois écheveaux de soie bleue, deux de couleur or, un de noir et un de ponceau. La soie devrait être fine.

**Un autre sac à main.**

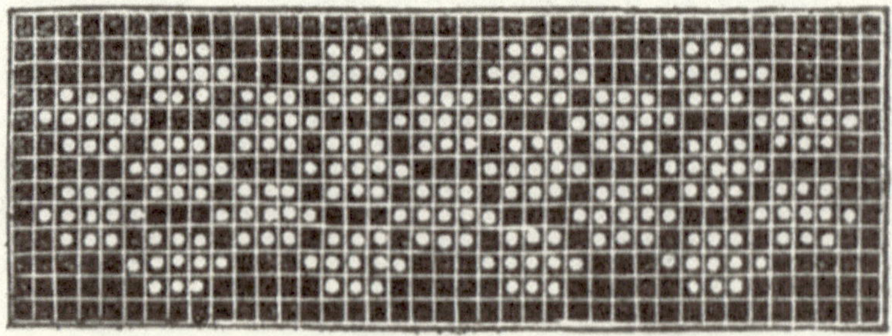

N° 32.

Tricoter un rang sur toute la longueur du sac à main, au crochet triple ouvert, avec un fin filet de soie blanc. Ensuite, deux rangs de crochet simple, en ponceau.

Crocheter treize rangs en blanc, en passant le motif ci-dessus en doré.

Répétez les deux rangs de ponceau ; — puis trois rangs de brides ouvertes, — le premier en blanc ; le second en ponceau ; le troisième en blanc.

Répétez le motif, etc., et lorsque le sac à main est d'une largeur suffisante, terminez par un rang de brides ouvertes en blanc.

Crochetez les deux côtés, avec un ponceau, jusqu'à l'ouverture. Ensuite, tricotez un rang uni en ponceau, autour de l'ouverture, pour renforcer la bourse et lui donner de l'uniformité.

Si elles sont destinées à un usage ordinaire, les couleurs peuvent être modifiées en bleu et bordeaux.

### Un Round D'Oyley ou Mat.

Commencez par une chaînette de six mailles, en molleton noir à huit fils. Unissez les deux extrémités. Crocheter tout le tour, en augmentant à chaque maille, pour le *premier rang* .

Le motif peut être formé en trois nuances d'écarlate, sur un fond bleu de trois nuances ; la nuance la plus foncée de l'écarlate étant sur la nuance la plus claire du bleu.

*Deuxième rangée* : un point écarlate foncé et deux points bleu clair, alternativement ; formant le début d'une étoile à six branches.

*Troisième rangée* : trois points en écarlate foncé et deux en bleu.

*Quatrième rangée* : cinq points d'un écarlate plus clair et deux du bleu.

*Cinquième rangée* : cinq points d'écarlate plus clair et trois de la deuxième nuance de bleu.

*Sixième rang* : trois points de l'écarlate le plus clair et six du deuxième bleu.

*Septième rangée* : un point de l'écarlate le plus clair et huit du bleu le plus foncé.

*Huitième rangée* : une rangée unie du bleu le plus foncé.


Trois rangées unies de noir termineront le D'Oyley.

À chaque rang, les mailles croissantes doivent être faites en bleu; et aussi, dans les rangées simples de noir.

# Une Chancelière.

Polaire à quatre fils avec une aiguille en acier.

Il est impossible de donner le nombre exact de mailles pour le début d'une chancelière, car chaque rang varie ; il convient donc de découper la forme dans du papier rigide, comme motif, d'abord du haut, puis de la bordure. Dans les parties où il est nécessaire d'augmenter la largeur de l'ouvrage, cela doit être fait en faisant un point supplémentaire de chaque côté. Les points de la bordure sont à travailler dans un sens contraire à ceux du haut, comme le montre la gravure précédente. — Le modèle suivant conviendra à une chancelière.

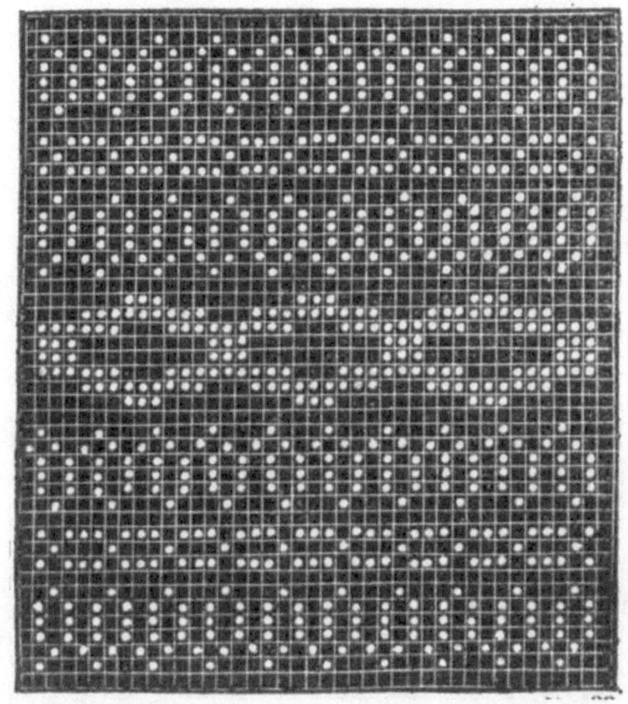

N° 33.

Commencez par la pointe, en travaillant deux rangs unis sur fond écarlate, et crochetez la bande centrale du motif annexé en vert riche, sur le même fond coloré.

Le fond de la rayure suivante est noir, sur lequel le motif doit être travaillé en trois nuances de couleur or.

Tricoter un rang uni de bleu moyen, qui forme également le fond du petit motif de chaînette, à l'exception du rang central, qui est bordeaux. La chaîne est en blanc.

Tricoter un rang uni bordeaux, puis répéter la deuxième rayure comme avant, en inversant les couleurs.

Les couleurs ci-dessus, si elles sont bien choisies, sont extrêmement jolies, mais elles peuvent varier selon la fantaisie.

Le patron de chausson n°23, ainsi que le patron turc n°12, sont également adaptés pour une chancelière.

La chancelière doit être confectionnée sur une base bien solide, et fourrée entre la doublure et l'ouvrage avec de la laine : l'intérieur doit être séparé et tricoté au point *brioche* , avec du molleton à six ou huit fils. La collerette d'hermine, ou garniture, en laine peignée, peut être facilement obtenue, mais si cela n'est pas possible, une épaisse frange tricotée, trois ou quatre fois doublée, sera un bon substitut. Le fond est formé de cuir ou de tissu.

### Un motif de bordure carrée.

Le patron annexé est adapté pour tout carré nécessitant une bordure, tel qu'une nappe de table, un dessous de plat, un quilt, un coussin de canapé, un couvre-pied, etc. Pour faciliter le travail, le centre peut être travaillé dans les mêmes couleurs que la bordure en introduisant n'importe quelle tache, brin ou autre petit motif, les mêmes couleurs étant portées dans l'ensemble ou glissées à l'arrière. Toutefois, si l'on comprend le plan consistant à introduire la couleur uniquement dans le motif, il peut ici être utilisé avec avantage.

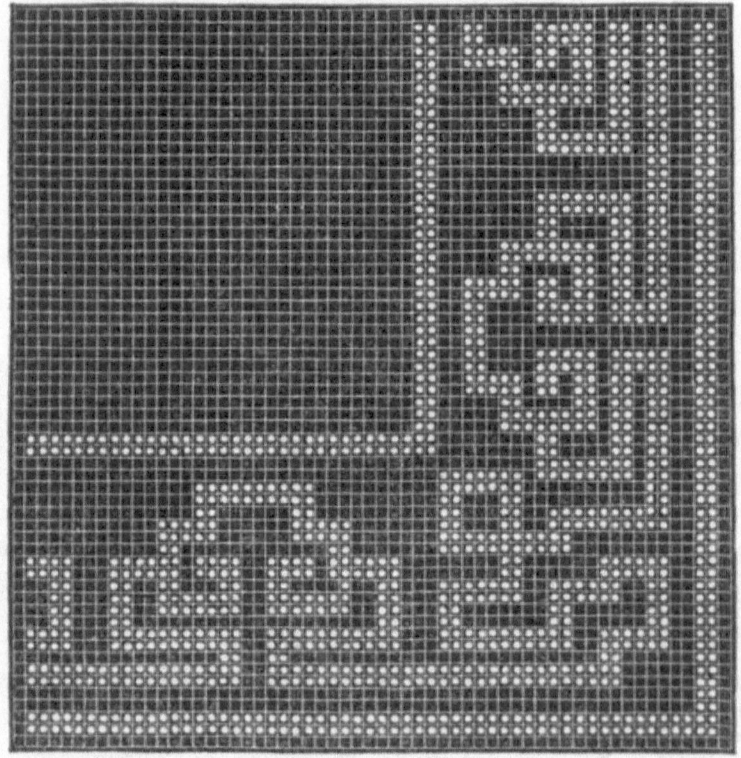

N° 34.

Le fond du motif peut être d'une même couleur, par exemple blanc, avec le motif en écarlate ; ou bien, le fond peut être en cinq nuances d'écarlate, le motif étant crocheté en vert émeraude, bleu, blanc ou noir, selon le goût ou le but pour lequel l'œuvre a été conçue. L'ensemble du motif pourra également être travaillé en laine chinée ou nuancée.

Le type de laine à utiliser doit être adapté à l'usage pour lequel le travail est requis ; ainsi, — pour une courtepointe ou un couvre-pied, du molleton à six fils — pour une natte, du molleton commun à huit fils ; — pour un set de table, de la laine allemande ; pour une couette de bébé ou un oreiller de canapé, du molleton zéphyr à huit fils.

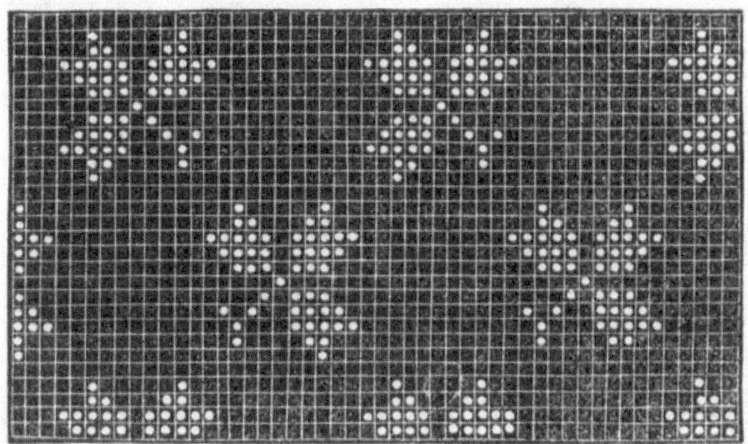

N° 35.

Pour le centre du dessin, on peut prendre soit le motif de brin précédent, soit les motifs n° 20 ou 39. Si le sol est travaillé en nuances, il faudra choisir cinq nuances de n'importe quelle couleur, ni trop distinctes, ni trop foncées.

Cette bordure est bien adaptée au crochet côtelé ou en relief, comme décrit à la page 57 .

### Une nappe, un oreiller ou un tapis.

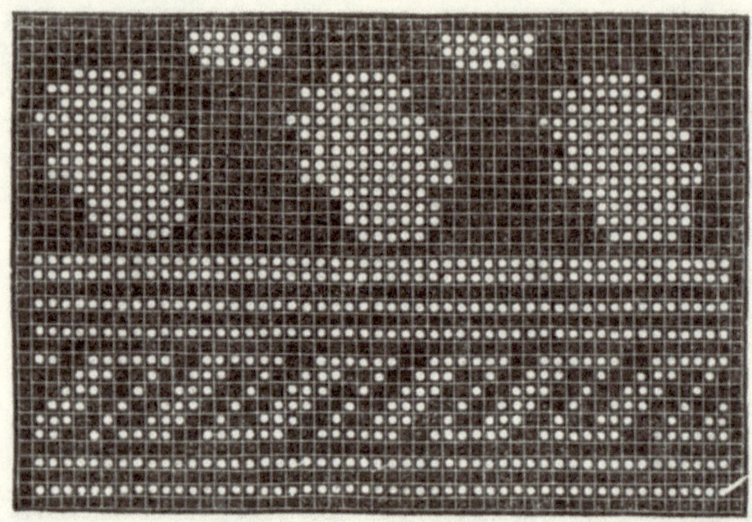

N° 36.

Commencez avec une chaîne et une rangée de noir. Crochetez quatre rangs unis, un blanc, un vert clair, un blanc, un noir. Ce dernier forme le fond de la bordure, dont le motif est en trois nuances d'écarlate, deux rangées de chaque, en commençant par la plus foncée. Une simple rangée de noir termine la bordure.

Tricoter six rangs simples : — le premier, vert ; le second, blanc ; le troisième, vert ; le quatrième, noir ; le cinquième, blanc ; le sixième, écarlate.

Le fond du centre peut être de couleur or, en commençant par une rangée unie, — les couleurs du motif de pin sur lesquelles sont les suivantes : —

*Première rangée* : bleu moyen.

*Deuxième rangée* : bleu clair.

*Troisième rangée* : écarlate foncé.

*Quatrième rangée* : écarlate clair.

*Cinquième rangée* : quatre mailles vert moyen ; trois blancs ; quatre verts moyens.

*Sixième rangée* : quatre points vert clair ; trois blancs ; quatre vert clair.

*Septième rangée* : trois points lilas ; deux noirs ; trois lilas.

*Huitième rangée* : quatre points lilas clair ; deux noirs ; quatre lilas clair.

*Neuvième rangée* : vert moyen.

*Dixième rangée* : vert clair.

*Onzième rangée* : écarlate foncé.

*Douzième rangée* : écarlate clair.

## Petite nappe à motif pin.

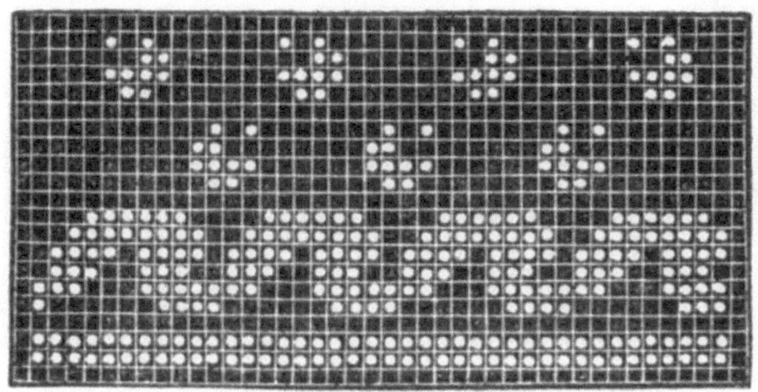

N° 37.

La chaîne et *le premier rang* sont noirs.

*Deuxième rangée :* écarlate.

*Troisième rangée* : blanche.

*Quatrième rangée* : bleu vif, qui se poursuit sur les trois rangées suivantes, formant le fond extérieur de la bordure. Le motif de la bordure est dans des tons écarlates.

*Cinquième et sixième rangées :* bleu et écarlate foncé.

*Septième rangée* – bleue, écarlate brillante et terne – cette dernière formant le fond intérieur de la bordure.

*Huitième rangée* : écarlate vif et terne. Le point unique en haut du fond bleu est blanc.

*Neuvième et dixième rangées* : écarlate clair et terne.

*Onzième rang* — terne, qui forme aussi le sol du centre.

Les couleurs du petit motif de pin au centre sont le noir, deux nuances de bleu et le blanc.

Dans la rangée suivante ou inversée du motif, les couleurs peuvent varier comme suit : noir, deux nuances d'écarlate et blanc.

## Bande de motif de défilement pour un sac.

Commencez par la chaîne et *la première rangée* , vert vif.

*Deuxième rangée :* écarlate.

*Troisième rangée :* verte.

*Quatrième, cinquième et sixième rangs* – crochet ouvert triple, avec de l'or.

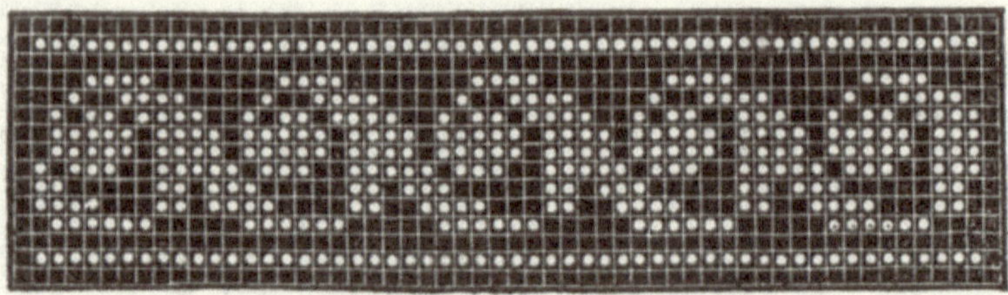

N° 38.

*Septième, huitième et neuvième rangées :* répétez les première, deuxième et troisième rangées. Ensuite, crochetez une rayure composée de onze rangs, avec le motif ci-dessus, de couleur or mort, sur fond violet. Ces rayures étant perpendiculaires, la position des volutes dans le motif doit être inversée au fond du sac, afin qu'elles paraissent identiques de chaque côté.

Ce sac peut être travaillé dans diverses combinaisons de couleurs ; c'est très joli si le motif est travaillé en soie nuancée ou chinée, et les rayures alternativement en deux couleurs différentes.

Il convient peut-être d'observer que la ligne simple de chaque côté du rouleau, comme indiqué ici, comme dans de nombreux autres modèles, peut être avantageusement omise. Il n'a donc pas été remarqué dans les directions précédentes.

### Un modèle de brin utile.

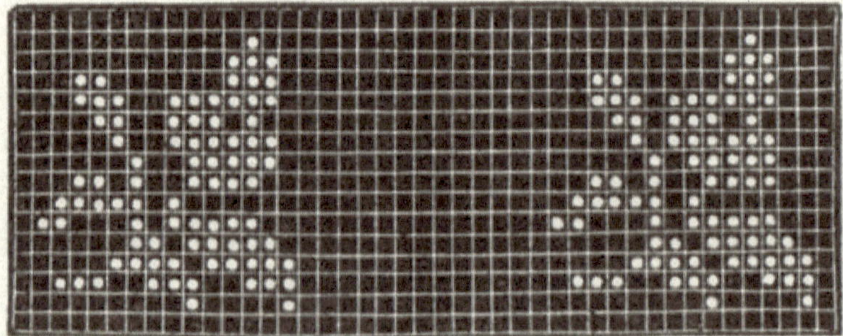

N° 39.

Le motif de brins ci-dessus sera utile pour les sacs et diverses autres fins. Il peut être travaillé en deux nuances de vert et trois de rose, comme suit :

*Premier rang :* premier point vert foncé ; deuxièmement, vert clair.

*Deuxième rangée* : un point vert clair : deux vert foncé ; deux vert clair ; un vert foncé ; trois vert foncé.

*Troisième rangée* : deux points vert clair ; trois vert foncé ; deux vert clair ; deux vert foncé.

*Quatrième rang* : trois points vert clair ; deux vert foncé ;—deux vert foncé.

*Cinquième rangée* : quatre points vert clair ; un vert foncé ;—un vert foncé ;—deux vert foncé.

*Sixième rangée* : vert foncé.

*Septième rangée* : trois mailles rose foncé ; un vert foncé ; un vert foncé ; deux vert foncé.

*Huitième rang* : trois points rose foncé ; un vert foncé ; un rose moyen ; un vert clair.

*Neuvième rang* : trois points rose foncé ; trois rose moyen ;—un vert clair.

*Dixième rang* : un point vert foncé ; trois roses moyens ; deux vert clair.

*Onzième rang* : trois points rose clair ; trois rose moyen ; trois vert clair.

*Douzième rang* : trois points rose clair ; deux vert clair.

*Treizième et quatorzième rangées* : rose clair.

## Un sac de transport.

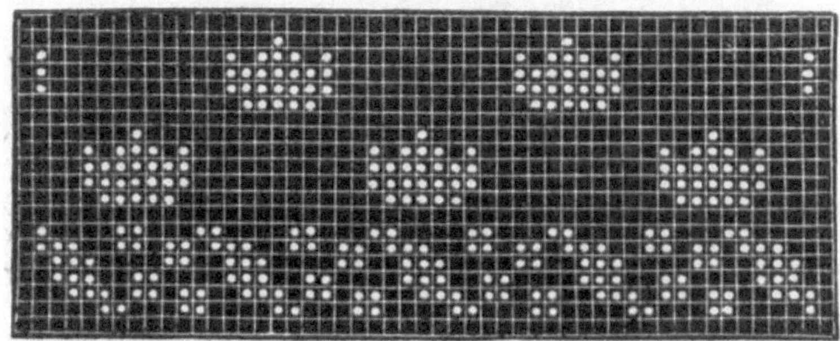

N° 40.

Le modèle ci-dessus peut être travaillé en laine allemande ou en soie au crochet. Si l'on désire un sac utile et durable, les couleurs suivantes fonctionneront bien sur un fond noir. — Commencez par une chaîne et deux rangées de noir. Crochetez le motif de bordure ainsi :—

*Première rangée* : un point écarlate ; quatre noirs ; deux verts moyens ; trois noirs ; un écarlate.—Répétez.

*Deuxième rangée* : trois points écarlates ; deux noirs ; deux vert clair ; un noir; deux lilas ; un noir.—Répétez.

*Troisième rangée* : un point noir ; trois écarlates; quatre noirs ; deux blancs ; un noir.—Répétez.

*Quatrième rangée* : un point noir ; trois écarlates; deux noirs ; deux lilas ; trois noirs.—Répétez.

*Cinquième rangée* : deux points noirs ; trois écarlates; un noir; deux blancs ; un noir; deux verts moyens.—Répétez.

*Sixième rangée* : quatre points noirs ; deux écarlates; trois noirs ; deux vert clair.—Répétez.

Crochetez un rang uni de noir. Travaillez le motif de brins dans les mêmes couleurs que la bordure, en les disposant dans l'ordre suivant : *premier rang* , écarlate ; *deuxièmement* , vert moyen ; *troisièmement* , vert clair ; *quatrièmement* ,—lilas; *cinquièmement* ,—blanc.

Si de la laine allemande est utilisée, le blanc peut être travaillé avec du fil de soie.

**Une autre couverture de table.**

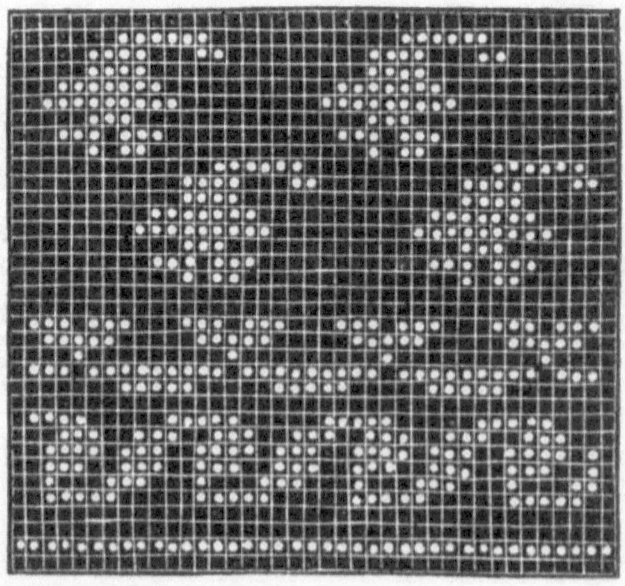

N° 41.

Commencez avec une chaîne et une rangée unie de noir. Tricoter deux rangs unis en écarlate et, au rang suivant, commencer le motif de la première bordure en noir. Le fond extérieur de la frontière est écarlate, et le fond intérieur de la frontière est blanc. Trois laines sont travaillées en même temps.

Tricoter un rang uni de blanc entre les deux motifs de bordure.

Le deuxième motif de bordure est en deux tons de bleu, les deux premières rangées étant sur l'ancien fond blanc, les trois dernières sur le fond noir qui compose le centre. Commencez le centre avec,—

Deux rangées simples de noir. Puis sur le fond noir, commencez le motif de la paume comme suit : –

*Première rangée* : vert moyen.

*Deuxième rangée* : vert vif.

*Troisième rangée* : écarlate vif.

*Quatrième rangée* : écarlate, le point central blanc.

*Cinquième rangée* : trois points bleus ; deux blancs ; deux bleus.

*Sixième rangée :* bleue.

*Septième rangée* : couleur or.


*Huitième rangée* : jaune.

Ce modèle nécessite trois laines de couleurs différentes dans de nombreuses rangées. C'est très beau. La bordure latérale peut être crochetée.

Un molleton à six fils et une aiguille en acier doivent être utilisés.

## Une Brioche.

Une brioche (ainsi appelée en raison de sa ressemblance avec le gâteau français bien connu du même nom), peut être aussi facilement travaillée au crochet qu'au tricot. Il peut également être divisé en rayures ou compartiments, dont la largeur diminue progressivement vers le haut ou le centre du coussin, de la même manière que dans la brioche tricotée. Divers motifs peuvent être introduits dans ces rayures, mais, lorsqu'on désire un coussin très moelleux, cela n'est pas conseillé, car la laine supplémentaire, alors nécessaire à transporter tout au long de l'ouvrage, lui donnerait une texture trop ferme.

Les instructions suivantes pour travailler une brioche au crochet seront très simples et, en même temps, serviront de guide pour ceux de nature plus compliquée.

Commencez par une chaîne de soixante-dix points en laine zéphyr à huit fils – noir.

*Première rangée* : noire.

*Deuxième rangée* : couleur or.

*Troisième rangée* : noire.

Les trois lignes ci-dessus sont toutes de même longueur. Ensuite, crochetez quinze rangs de n'importe quelle jolie couleur, en omettant quatre mailles à la fin du premier et de chaque rang successif, de sorte que dans le dernier de ces quinze rangs il n'y ait que dix mailles.


Répétez le rang de noir en prenant chacune des quatre mailles omises aux extrémités des quinze derniers rangs, ainsi que les quatre mailles en haut du dernier rang de noir. Crocheter un rang doré et un rang noir, comme au début, lorsqu'un compartiment de la brioche sera terminé, en formant une rayure conique.

Répétez les quinze rangs, en omettant les quatre points à la fin de chaque rang, comme indiqué précédemment ; et continuez comme ci-dessus jusqu'à ce que seize compartiments similaires soient travaillés ; cela suffira pour une brioche de taille ordinaire.

Les couleurs des rayures peuvent être variées, ainsi, le bleu, le brun, l'écarlate et la couleur pierre, dans leur ordre de succession, répété quatre fois, formeront un très joli contraste, la bande de séparation entre chacune étant formée de deux rangées. de noir, avec une rangée d'or entre eux. La laine chinée ou ombrée peut également être utilisée.

Une fois terminée, la brioche peut être constituée soit entièrement molle, soit avec un fond rigide en carton, d'environ six ou huit pouces de diamètre, recouvert de tissu ou de velours. Le dessus doit être rapproché et attaché au centre, soit avec une touffe de laine douce, soit avec une corde et des glands, comme représenté dans la gravure précédente. Il doit être rembourré de duvet ou de laine finement peignée.

## Un autre sac à rayures.

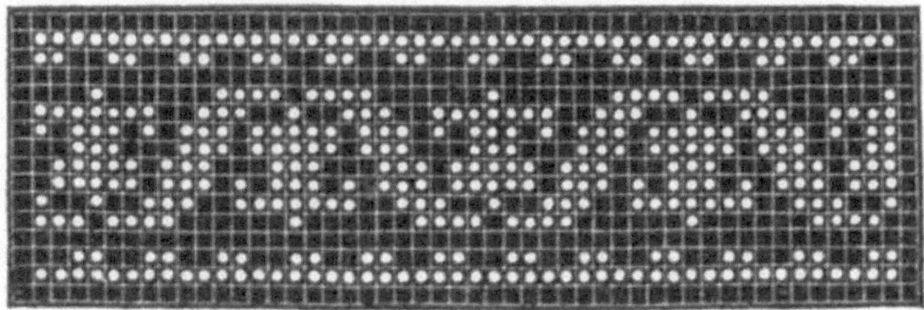

N° 42.

Le modèle ci-dessus se révélera très facile à réaliser, en rayures perpendiculaires, pour un sac, les rayures étant divisées par deux rangs de crochets triples ouverts en doré. Chaque côté du sac est formé de quatre rayures du motif ci-dessus, et de cinq rayures du crochet triple ouvert ; mais, comme cette dernière doit former le bord extérieur sur le côté du sac, et ne peut être travaillée sans fond, il faudra commencer par la rayure figurée en soie, et ensuite ouvrir le crochet triple ouvert en or sur l'un ou l'autre. côté de celui-ci.—Par conséquent,

Commencez par une chaîne en soie à filet vert foncé. — Le nombre de points doit dépendre de la taille de la soie utilisée, mais une chaîne d'environ douze pouces de longueur sera suffisante pour un sac de cette description. Le sac doit être tricoté en une seule longueur.

*Première rangée* : vert foncé.

*Deuxième rang* : deux mailles de ponceau et deux de vert foncé, alternativement.

*Troisième rangée :* ponceau.

Dans la quatrième rangée, le motif commence avec deux couleurs, la partie ondulée du motif étant en vert foncé ; avec la cloche dans une nuance de vert plus claire ; le fond, ponceau : ou encore, le motif peut être travaillé en vert chiné.

Huit rangées complètent le motif, lorsqu'une rangée unie de ponceau, une rangée de deux points alternés de ponceau et de vert et une rangée unie de vert terminent la rayure.

Crocheter deux rangs de crochets triples ouverts en or; et recommencez avec le motif en soie.

Une fois terminé, ce sac mesure environ six pouces carrés ; il doit être ourlé en haut, doublé et terminé par des ficelles et des pompons.

Le modèle n° 24 est également également adapté pour un sac de cette description ; mais au centre de l'ouvrage, le motif doit être inversé, afin que lorsque les deux côtés du sac sont pliés ensemble, le motif puisse s'étendre dans la même direction, comme de la manière décrite pour le sac à la page 113 .

### Un sac similaire.

Un sac très simple mais extrêmement élégant à rayures perpendiculaires peut être réalisé en commençant par :

Chaîne et *premier rang* : écarlate.

*Deuxième rangée* : or.

Crocheter onze rangs unis en écarlate.

*Quatorzième rangée* : or.

*Quinzième rangée :* écarlate.

De chaque côté de la bande ainsi réalisée, crocheter deux rangs de brides ajourées en doré.

Quatre rayures unies écarlates et cinq crochets ouverts, disposés comme dans l'exemple précédent, complètent le sac.

### Un sac à cinq points.

Commencez par une chaîne de huit mailles : après avoir réuni les extrémités, faites d'une maille sur deux une maille augmentée en triple, en crochetant trois mailles en une seule boucle. Continuez à augmenter de la même manière, jusqu'à ce que vingt-huit rangs soient tricotés, en prenant soin que les mailles croissantes soient maintenues exactement les unes sur les autres ; lorsqu'un point au centre et un point à la fin de chaque ligne de points de séparation seront formés. La partie restante du sac doit être travaillée en rond, jusqu'à ce qu'elle soit d'une hauteur suffisante.

La plus jolie façon de travailler cette description de sac, c'est avec des perles en acier ou en or.

Le motif de pin suivant peut être pris pour le centre de chaque division de points.

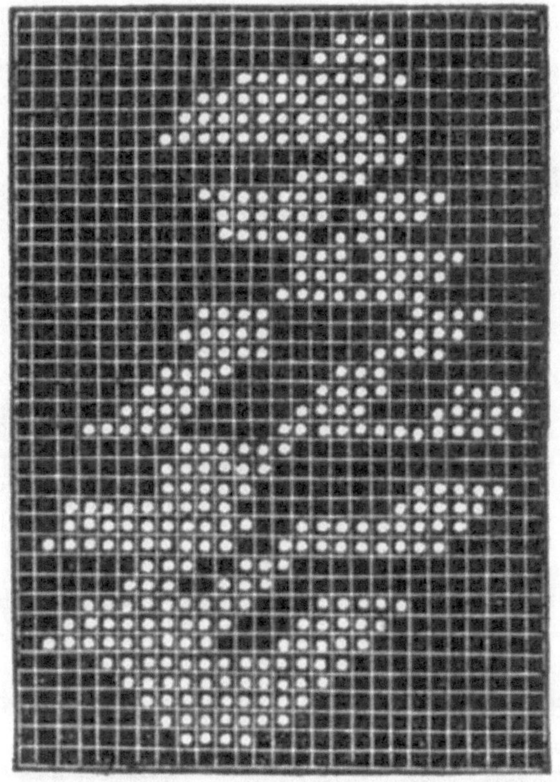

N° 43.

La partie supérieure du sac peut être en semé, avec un motif composé de perles, tel que le suivant.

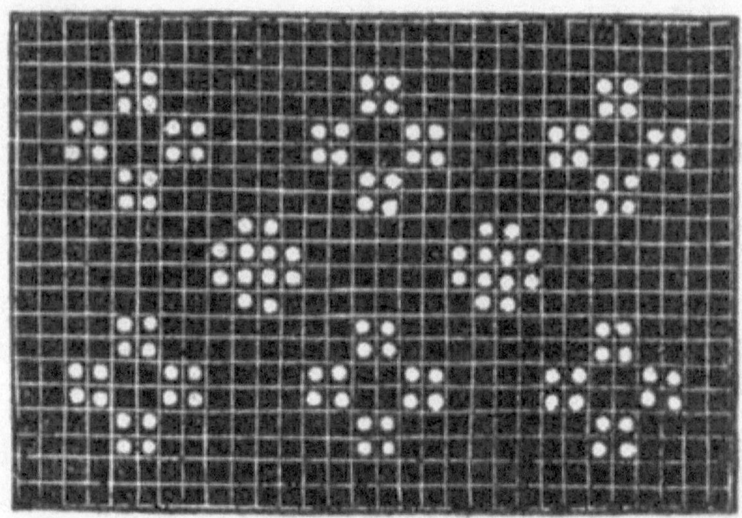

N° 44.

Le haut peut être terminé avec trois rangs simples de crochet ; ou avec n'importe quel petit motif de bordure en perles, semblable à ceux figurés ci-dessous : mais à cet effet il y en a plusieurs autres, dans diverses parties du livre, également appropriés, et qui peuvent être choisis selon le goût de l'ouvrier.

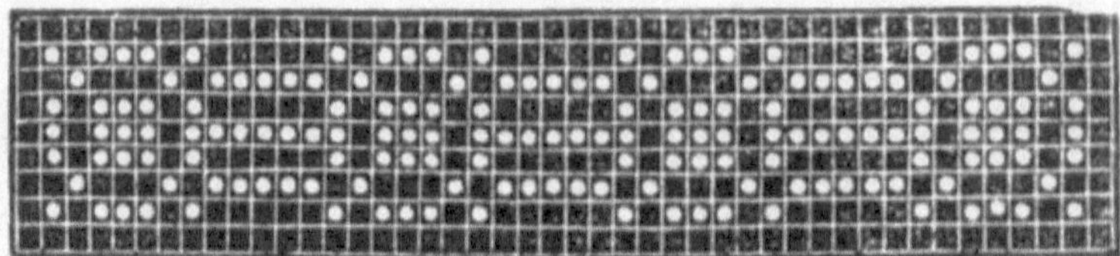

N° 45.

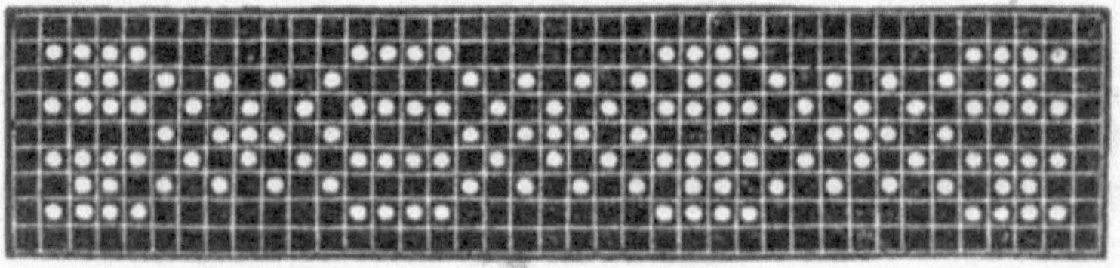

N° 46.

## Un Sac en Treble ouvert au Crochet.

Ce sac doit être travaillé en un seul morceau long, puis plié ensemble, de manière à ce que les rangées soient perpendiculaires ; de la même manière que celle décrite à la page 123 .

Commencez par une chaîne en ponceau.

- *Première rangée* : or.

- *Deuxième rangée* : bleu profond.

- *Troisième rangée :* ponceau.

- *Quatrième rangée* : bleu profond.

- *Cinquième rangée* : or.

- *Sixième rang :* ponceau.

- *Septième rangée* : noire.

- *Huitième rang :* Ponceau.

crochet ouvert triple.

Répétez à partir de la première rangée, jusqu'à ce que le sac soit d'une largeur suffisante.


**Patrons en Crochet ouvert.**

Le crochet ouvert, ainsi que le crochet ouvert double et triple, ont déjà été décrits en détail (voir page 16 ). Les deux modèles suivants sont, parmi de nombreux autres de même description, de simples variations d'un type d'œuvre similaire :

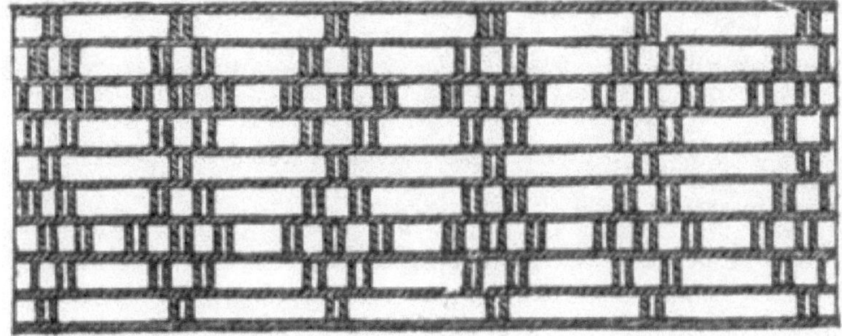

N° 47.

Il est donc inutile d'entrer dans une description détaillée de celles-ci, car cela prendrait trop de place, et les gravures s'expliquent suffisamment. Ces modèles sont utiles à diverses fins, notamment pour travailler le coton, pour les rangements, les D'Oyleys, etc.

N° 48.

## Un traversin de voyage.

Les deux extrémités circulaires doivent être travaillées en premier. Commencer par une chaînette de six mailles, en molleton à quatre fils noir : réunir les deux extrémités, et crocheter tout le tour en augmentant sur chaque maille du *premier rang* .

Le motif sera ensuite travaillé en trois tons d'écarlate, sur un fond composé de trois tons de vert ; la nuance la plus foncée de l'écarlate étant sur la nuance la plus claire du vert.

*Deuxième rangée* : un point écarlate foncé ; deux vert clair.—Répéter.—Cela forme le début d'une étoile à six branches.

*Troisième rangée* : trois points écarlate foncé ; deux vert clair.—Répétez.

*Quatrième rangée* : cinq points écarlates au milieu ; deux vert clair.—Répétez.

*Cinquième rangée* : cinq points écarlates au milieu ; trois verts moyens.—Répétez.

*Sixième rangée* : trois points écarlate clair ; six vert moyen.—Répétez.

*Septième rangée* : un point écarlate clair ; huit vert foncé.—Répétez.

*Huitième rangée* : vert foncé.

Deux rangées unies de noir terminent la fin.

NB À chaque rang, des mailles croissantes sont à réaliser en vert, ainsi que sur les rangs unis en noir.

Ayant fini les deux bouts, faites une chaîne d'environ seize pouces de longueur, en noir ; et travaillez l'autre partie du traversin ainsi :

*Première rangée* : noire.

*Deuxième rangée* : vert foncé.

*Troisième rangée* : vert moyen.

*Quatrième rangée* : vert clair.

*Cinquième rangée* : blanche.

Répétez les quatre premières rangées en sens inverse.

*Dixième et onzième rangées :* écarlate.

*Douzième rang* : commencez un motif en tricotant alternativement six points écarlates et quatre points noirs.

*Treizième rang* : sept points écarlates (a) ; quatre jaunes; six écarlates.—répétez à partir de (a).

*Quatorzième rang* : six points écarlates ; quatre noirs.—Répétez.

*Quinzième rang* : sept points écarlates ; (b) quatre vert clair ; six écarlates.—répétez à partir de (b).

*Seizième et dix-septième rangées :* écarlate.

Recommencer comme au premier rang ; et répétez jusqu'à ce qu'un morceau soit suffisamment long pour contourner facilement les extrémités.

Le traversin doit être confectionné en le bourrant de duvet ou de laine douce. Une longue bande au crochet, travaillée de la même manière que la bande ombrée verte, doit être attachée à chaque extrémité, avec une petite touffe de laine peignée au centre, à titre d'ornement.

Des sacs, travaillés de la même manière que ci-dessus, sont fréquemment fabriqués ; il n'est cependant pas nécessaire que ces délais soient aussi longs. Ils se ferment à l'ouverture avec des ficelles ou des boutons. Ils peuvent être fabriqués avec du molleton zéphyr à huit fils.

### Une pantoufle en crochet surélevé.

Le crochet en relief ou côtelé a déjà été décrit à la page 57 . Pour tricoter une pantoufle, commencez par une chaîne de sept mailles et crochetez quarante-six rangs en allers et retours, en veillant à faire trois mailles dans une boucle dans la maille centrale de chaque rang. Cela entraînera une augmentation suffisante dans chaque rangée suivante pour former l'avant de la pantoufle, et en même temps, les rangées nervurées s'étendront dans une direction diagonale uniforme de chaque côté.

Ayant ainsi complété le devant de la chaussure, crochetez, sur le côté droit, un rang de vingt-six mailles, et tricotez un nombre de rangs suffisant (environ quatre-vingt-dix) pour former le dos. L'extrémité de cette bande est ensuite à coudre de l'autre côté du devant.

La semelle de la pantoufle peut être faite soit de cuir, soit de crochet en laine grossière ; ce dernier est plus facilement réalisé en découpant la forme dans du papier rigide, puis en la travaillant à la taille exacte. Le dessus de la pantoufle peut être fini avec une garniture d'hermine en laine peignée.

## Un châle demi-carré.

Commencez par une chaîne de neuf cents points en molleton zéphyr noir à huit fils.

*Première rangée* : noire.

*Deuxième et troisième rangées* : blanches.

Crocheter onze rangs, en alternant avec du noir et n'importe quelle jolie laine chinée.

*Quatorzième et quinzième rangées* : blanches.

*Seizième et dix-septième rangées* : vertes.

Crocheter onze rangs, en alternance avec de l'écarlate et n'importe quelle laine chinée brillante.

*Vingt-neuvième et trentième rangées* : vertes.

*Trente et unième et trente-deuxième rangées* : noires.

Crocheter onze rangs, alternativement avec du blanc et une laine chinée.

*Quarante-quatrième et quarante-cinquième rangées* : noires.

*Quarante-sixième et quarante-septième rangées* : rouge.

Crocheter onze rangs, alternativement avec du vert et une laine chinée.

*Cinquante-neuvième et soixantième rangées :* écarlate.

Répétez à partir de la deuxième rangée.

En omettant une maille au centre de chaque rang, le châle prendra, pendant le travail, une forme pointue, semblable à celle d'un demi-carré, en même temps que les rangs de crochet passeront en diagonale de part et d'autre du le centre. Il peut être garni d'une frange noire d'environ quatre pouces de profondeur cousue sur les deux côtés.

Pour former le motif rayé comme indiqué ci-dessus, quatre laines chinées, de couleurs différentes, doivent être utilisées.

## Un châle léger.

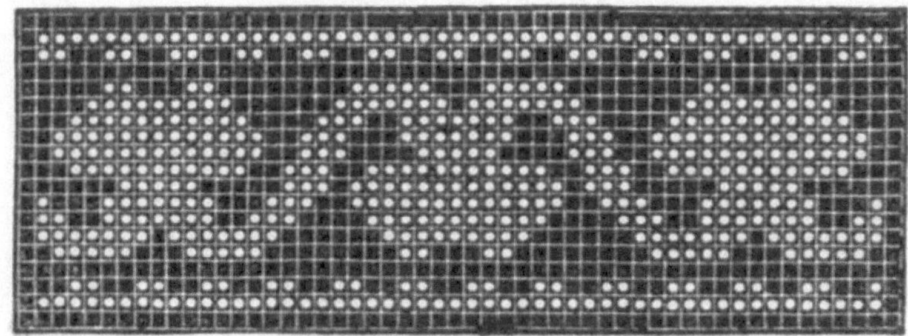

N° 49.

Celui-ci se travaille avec de la laine allemande, au point de crochet ouvert, mais sans laisser de point entre chaque, comme dans la méthode ordinaire.

Chaîne et *premier rang* – bordeaux.

*Deuxième rang* : deux points bordeaux, deux bleus, en alternance.

*Troisième rangée :* bleue.

Crochetez le motif ci-dessus en bordeaux sur fond bleu.

*Quinzième rangée :* bleue.

*Seizième rang* : deux points bordeaux, deux bleus, alternativement.

*Dix-septième rang* : bordeaux.

Répétez à partir de la première rangée.—Dans la deuxième bande du motif, la couleur or foncé doit être utilisée à la place du bleu et le noir à la place de la laine bordeaux ; travaillant ainsi, alternativement, une rayure dans chacune des deux couleurs.

### Bordure pour un châle.

Cela formera un bon motif de pin pour la bordure d'un châle, en laine allemande sur fond noir.

Commencez par la chaîne et *le premier rang* – couleur or foncé.

*Deuxième rangée* : noire.

Crochetez ensuite le pin annexé sur fond noir, dans les couleurs suivantes.

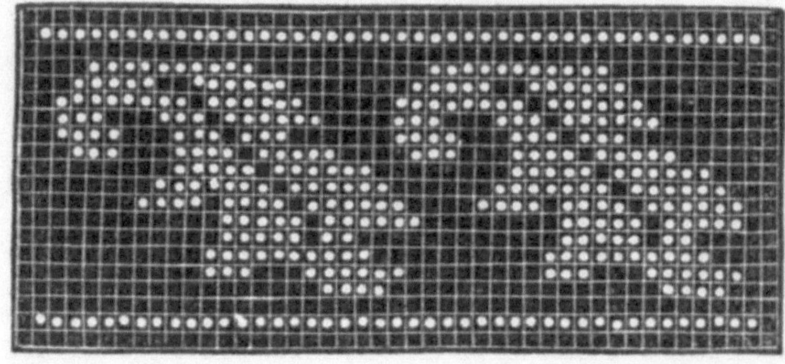

N° 50.

*Première rangée* : bleu impérial.

*Deuxième rangée* : nuance de bleu plus claire.

*Troisième rangée* : écarlate profond.

*Quatrième rangée* : écarlate vif.

*Cinquième rangée* : vert foncé.

*Sixième rangée* : vert moyen.

*Septième rangée* : lilas foncé.

*Huitième rangée* : lilas clair.

*Neuvième et dixième rangées* : deux nuances de couleur pierre.

*Onzième et douzième rangées* : deux nuances de bleu.

*Treizième et quatorzième rangées* : deux nuances d'écarlate.

Ensuite, tricotez un rang uni en noir et un rang uni en doré.

Pour former un point, s'il est destiné à la bordure d'un châle demi-carré, omettez un point au centre de chaque rangée ; ceci, si la taille du châle a été déterminée avant de commencer le travail, peut facilement être effectué sans interférer avec le motif, car en calculant le nombre de points requis, un plus grand espace du sol où les points doivent être omis entre les deux pins centraux peut être autorisé. Pour un châle carré, la bordure, si vous préférez, peut être travaillée séparément, puis cousue.

www.ingramcontent.com/pod-product-compliance
Lightning Source LLC
LaVergne TN
LVHW041748190726
843493LV00008B/2498